新時代を生きる力を育む

知的・発達障害のある子の
道徳教育実践

監修：永田 繁雄　　編著：齋藤 大地・水内 豊和

著：松尾 直博・細川 かおり

●令和型の道徳教育を特別支援教育の更なる充実に生かす

　道徳教育の要としての道徳の時間は「特別の教科」である道徳科へと位置付け直され、平成の最後に小・中学校段階で全面実施の時を迎えた。そして、令和型の道徳教育が名実ともに新たな枠組みでのスタートとなった。特別支援教育の全体は、小・中・高等学校学習指導要領に準じて行われ、道徳教育も基本的には同じ趣旨や枠組みで実施されている。道徳教育は道徳科の指導を要として各教科等や領域での指導で横断的・総合的に展開され、その位置付けと実施の大枠は同じである。その中で、とりわけ知的障害のある児童生徒に対する教育を行う学校及び学級においては、道徳教育をどのような形で展開するべきなのか、その在り方がより大きな課題となっている。

　この時期に合わせるように、私たちが待ち望んでいた企画本が仕上がった。知的障害特別支援学校等での道徳教育において、どのようにその実践の視野を広げ、配慮や工夫を織り込むかについては、長くその教育に携わる人たちの知りたいところだった。今まで、道徳教育について特別支援教育の視野からその全体を整理した本などはほとんど見ることがなかっただけに、本書は私たちに新たな視点や実践感覚を与えてくれるはずだ。

●特別支援教育と道徳教育の重なりを基盤に指導の方向を見据える

　特別支援教育は、もとより、インクルーシブ教育の理念に立ち、障害の有無にかかわらず、だれもが相互に人格と個性を尊重し支え合う共生社会に向かうことを前提とした教育である。そのことから十分に想像できるように、特別支援教育と道徳教育は、その目標や方向性を明確に共有している。本書の中でも触れられるように、自立と社会参画を重要な理念とする特別支援教育は、道徳教育が掲げる目標の「主体的な判断のもとに共に豊かに生きる」方向と符合し、いずれも「自立」という縦軸と「共生」という横軸が融合し、「共に豊かに生きる」社会の実現にそのベクトルが方向付けられている。したがって、特別支援教育の充実は道徳教育の確かな力につながり、道徳教育の充実は特別支援教育の更なる充実にもなり、そこに相乗的な力を生み出すことが期待できる。

　それに加えて、特別支援教育における道徳教育は、児童生徒一人一人の教育的ニーズに応じた配慮がとりわけ重視される。例えば、特別支援学校学習指導要領に示されるように、道徳科の指導の場合、児童生徒の健全な人生観の育成や経験の拡充を図るとともに、知的障害のある児童生徒への指導に関して、指導の重点化、内容の具体化、指導方法での体験化などへの配慮を通して指導の効果を高めることが求められている。また、協働的な指導体制の工夫や、障害の状況に応じた教材の開発と活用、「各教科等を合わせた指導」や自立活動を含む関連的指導の工夫なども大事になる。

●本書にみる多彩な指導事例で道徳教育の可能性を広げる

　では、特別支援学校・学級において、その効果的な指導をどのように展開することができるのか。まずは、その指導の在り方を押さえることが重要だ。その際には本書「解説編」の各論考が考えをクリアにする上で極めて役に立つ。そして次に、指導イメージを柔軟に発想することが必要になる。

そこでは「実践事例編」が私たちの力になる。

　児童生徒の知的障害などの状態や経験等に見られる課題は様々であり、道徳教育、道徳科の指導のアプローチ自体も多様なものが考えられる。なかには、道徳科と他の教育活動等との厳密な区分が難しく、その差別化が必ずしも強い意味をもたない場合も見られる。本書に所収された道徳教育の事例は、そのことを前提とした上で、まず、特別支援学校における小・中学部、高等部と特別支援学級における実践に大きく区分し、執筆を担当された各実践者が設定する教育課程上の位置付けを尊重しつつ編集されている。

　具体的には、以下のような位置付けに基づく実践群として大きく整理されている。

○　道徳教育の要としての道徳科の指導の趣旨に直接光を当てて、教材を効果的かつ柔軟に設定して展開する実践

○　学級活動・ホームルームや学校行事などの特別活動を実践のベースとして、集団での関わり合いを生かして児童生徒の心を育むことを重視した実践

○　児童生徒の状態や経験等に応じて状況を踏まえ、小中学校における「各教科等を合わせた指導」である生活単元学習として行う実践

○　学習や生活上の困難さの主体的な改善を視野に入れる自立活動としての実践

○　教育課程の特色化の視点から据えられた学校設定教科の中で試みる実践

　また、これらに続けて、大学の教育相談室の機能を生かした事例も所収されている。ここに見る指導の位置付けと多様さは、私たちの実践への発想力を心強く刺激する。

●新たな課題を視野に入れながら児童生徒の心のしなやかさを育む

　現在、新型コロナ禍の感染状況が広がり、教育活動に様々な困難さや課題が生じている。それと同時に、児童生徒の自立と社会参加に向けたキャリア教育に加え、ICT 活用を含んだ個別最適な学びなどの充実が今まで以上に求められている。しかし、その中にあっても、一人一人の児童生徒は日々の成長を止めることがない。この自ら伸びようとする児童生徒と、そこに仕掛ける教師の啐啄同時のタイミングを決して逃してはならない。また、今の児童生徒を不幸の時代の子供だと決めつけてはいけない。困難な状況の中で自分らしさの実現へとしなやかさを発揮する子供たちだったと後に感じられるように、コロナ禍の先を見据えて実践の幅を広げ、その可能性を充電しつつ、今だからこそできる児童生徒の成長の応援をしていくことを大事にしたい。

　特別支援教育と道徳教育が共有する個性豊かな共生社会を見据えて、本書を重要な手掛かりの一つとして互いの知恵や創意を出し合い、可能なところから地道に実践していくようにしてきたいものだと思う。

監修者　永田　繁雄

Contents

第2部　実践事例編

第1章　特別支援学校
＜小学部＞

＜中学部＞

第2章　特別支援学級

＜小学校＞

第3部　資料編

執筆者一覧
監修者・編著者・著者プロフィール

第1部

解 説 編

第1章 特別支援教育と道徳教育

齋藤 大地（宇都宮大学共同教育学部 助教）

　平成27年3月27日、小学校、中学校及び特別支援学校小学部・中学部学習指導要領の一部改正の告示が公示された。ここでは、道徳教育のさらなる充実を図るため、小学校、中学校及び特別支援学校小学部・中学部の教育課程における「道徳の時間」が「特別の教科　道徳」（以下、道徳科）として位置付けられた。

　「特別の教科　道徳」は、他の教科等に先立ち平成30年度から特別支援学校小学部、平成31年度から中学部において全面実施された。また、知的障害者である生徒に対する教育を行う特別支援学校の高等部においては、「特別の教科　道徳」が教育課程に位置付けられており、令和2年度から全面実施された。

　本章では、まずは、道徳科の改訂のポイントをおさえた上で、特別支援教育と道徳教育の関連を整理する。次に、特別支援学校を対象とした道徳教育に関する複数の調査研究から、特別支援教育における道徳教育の現状と課題を分析し、道徳教育の充実に向けた要点を考えていきたい。

1．「道徳の時間」から「特別の教科　道徳」へ

1-1．道徳科の改訂の経緯

　上述したように道徳の時間は他の教科等に先行して、2年早く改訂された。その背景には、子供たちの心の危機をめぐる課題と、道徳授業の実施実態を取り巻く課題の2つがあったとされる（永田，2017）。

　内閣に設置された教育再生実行会議は、平成25年2月の第一次提言において、いじめ問題等への対応をまとめ、その中では心と体の調和のとれた人間の育成の観点から、道徳教育の重要性が再認識された。つまり、いじめ問題等への抑止力や予防教育としての役割が、道徳教育により一層求められるようになったのである。

　「道徳教育の充実に関する懇話会」の報告では、道徳教育を巡っては、歴史的経緯に影響され、いまだに道徳教育そのものを忌避しがちな風潮があること、他教科に比べて軽んじられていること、読み物の登場人物の心情理解のみに偏った形式的な指導が行われる例があることなど、道徳授業の実施上の課題が指摘された。

　こうした背景を受け、改訂では、いじめの問題への対応の充実や発達の段階をより一層踏ま

えた体系的なものとする観点からの内容の改善と、問題解決的な学習を取り入れるなどの指導方法の工夫を図ることなどが示された。こうして、「特定の価値観を押し付けたり、主体性をもたず言われるままに行動するよう指導したりすることは、道徳教育の目指す方向の対極にあるものと言わなければならない」、「多様な価値観の、時に対立がある場合を含めて、誠実にそれらの価値に向き合い、道徳としての問題を考え続ける姿勢こそ道徳教育で養うべき基本的資質である」との中央教育審議会答申を踏まえ、発達の段階に応じ、答えが一つではない道徳的な課題を一人一人の児童生徒が自分自身の問題として捉え向き合う「考え議論する道徳」への転換が図られたのである。

1-2. 道徳教育と道徳科の目標にみる「新時代を生きる力」

　特別支援学校小学部・中学部学習指導要領第1章総則第2節の2（2）には小学部・中学部の道徳教育の目標が以下のように記載されている。

> 　道徳教育は、教育基本法及び学校教育法に定められた教育の根本精神に基づき、<u>小学部においては、自己の生き方を考え、中学部においては、人間としての生き方を考え、主体的な判断の下に行動し、自立した人間として他者と共によりよく生きるための基盤となる道徳性を養うこと</u>を目標とすること。
> （下線部は著者による）

　ここでは、児童生徒が［自己（人間としての）の生き方を考える］→［主体的な判断の下に行動する］→［自立した人間として他者と共によりよく生きる］、という一連の創造的な生き方を生み出す基盤となる道徳性を、道徳教育で育てる資質・能力の中核概念としていることを読み取ることができる（永田，2017）。

　特別支援学校小学部又は中学部の道徳科の目標は、小学校学習指導要領第3章又は中学校学習指導要領第3章に示すものに準ずるとされており、小学校又は中学校学習指導要領第3章の第1では、道徳科の目標について、以下のように記載されている。

> 　第1章総則の第1の2の（2）に示す道徳教育の目標に基づき、<u>よりよく生きるための基盤となる道徳性を養うため、道徳的諸価値についての理解を基に、自己を見つめ、物事を多面的・多角的に考え、自己の生き方についての考えを深める学習を通して、道徳的な判断力、心情、実践意欲と態度を育てる。</u>
> （下線部は著者による）

　道徳科は、道徳教育で育てる資質・能力である道徳性を直接的に養う学習であることが明確に示された。永田（2017）を参考に、道徳教育と道徳科の関係を図に示すならば、図1-1のようになる。いずれも道徳性を養うという共通の方向性を有するが、そこにはアプローチや指導の在り方の違いがみられる。

道徳教育…全教育活動での道徳性育成の全体的・間接的指導

道徳科…計画的、発展的な授業での道徳性育成の直接的な指導

図 1 - 1　道徳教育と道徳科の関係

　これまで、道徳教育と道徳科の目標についてみてきたが、ここからは、それらがどのように「新時代を生きる力」と関わるのかについてみていく。2019 年 5 月に「OECD 教育とスキルの未来 2030 プロジェクト」は、これからの世界の教育に影響力を与える未来の教育の枠組みである OECD ラーニング・コンパス 2030 を発表した。松尾ら（2020）によると、OECD ラーニング・コンパス 2030 の開発においては、日本の教育関係者も参加しており、その枠組の一部は今回の学習指導要領にも反映され、今後の日本の教育にも大きな影響を与える可能性があると指摘されている。

　ラーニング・コンパス（学びの羅針盤）とは、未知なる状況において児童生徒が意義のある、責任の持てる方法で自分の進むべき方向を見つけ、自分自身を導いていく必要があることを強調するために使われるメタファーであり、その中心概念に「生徒エージェンシー（student agency）」がある（「生徒」には学習者という意味があり、幼児、児童、学生なども含まれる）。OECD（2019）を翻訳した松尾ら（2020）において、生徒エージェンシーは次のように定義される。

　OECD ラーニング・コンパス 2030 において、生徒エージェンシーの概念は<u>生徒が自分自身の生活・人生と世界に対して良い影響を与える能力と意志を持っている</u>という考え方に根ざしている。したがって、生徒エージェンシーは、<u>目標を設定し、ふりかえり、責任を持って行為することによって変化を起こす力</u>と定義づけられる。行為を受けるのではなく行為する、形成されるのではなく形成する、他者によって決定されたものを受け入れるのではなく主体的な決定と選択を起こすことに関連している。

（下線部は筆者による）

　こうした生徒エージェンシーの定義をみると、先述した道徳教育の目標と重なる部分があることに気付くであろう。道徳教育の目標に関しては、特別支援学校小学部・中学部学習指導要領解説において、次のように詳しく説明されている。

「自己の生き方を考える」（小学部）
　児童一人一人が、<u>よりよくなろうとする自己</u>を肯定的に受け止めるとともに、他者との関わりや身近な集団の中での自分の特徴などを知り、<u>伸ばしたい自己</u>について深く見つめることである。またそれは、<u>社会の中でいかに生きていけばよいのか、国家及び社会の形成者としてどうあればよいのかを考える</u>ことにもつながる。

「人間としての生き方を考える」（中学部）
　中学生の時期は、人生に関わる様々な問題についての関心が高くなり、<u>人生の意味をどこに求め、</u>

いかによりよく生きるかという人間としての生き方を主体的に模索し始める時期である。人間にとっての最大の関心は、人生の意味をどこに求め、いかによりよく生きるかということにあり、道徳はこのことに直接関わるものである。

「主体的な判断の下に行動する」
　児童生徒が自律的な生き方や社会の形成者としての在り方について自ら考えたことに基づいて、人間としてよりよく生きるための行為を自分の意志や判断に基づいて選択し行うことである。

「自立した人間として他者と共によりよく生きる」
（小学部）
　「自立した人間」としての主体的な自己は、同時に「他者とともに」よりよい社会の実現を目指そうとする社会的な存在としての自己を志向する。
（中学部）
　「自立した人間」としての自己は、他者との関わりの中で形成されていく存在であり、同時に「他者と共に」よりよい社会の実現を目指そうとする社会的な存在としての自己を志向する。

（下線部は著者による）

　主体的な自己とともに、よりよい社会の実現を志向する社会的な存在としての自己が道徳教育において目指されており、この点に関して、個人と社会のウェルビーイングに向かってエージェンシーを発揮することが求められる OECD ラーニング・コンパス 2030 の考え方と共通する。また、児童生徒を含む学習者を受動的な存在としてではなく能動的な存在として明確に位置づけ、彼らが自分自身の人生の目的と社会の目的をすり合わせ、場合によっては社会に対して変化を起こす存在になることを期待する点に関しても両者は共通する。

　つまり、道徳性の育成とエージェンシーの育成は同じ方向を示すものであり、それらは変化が激しく予想が困難な新たな時代を生きる上で欠かすことのできない力なのである。

2. 特別支援教育における道徳教育

2-1. 特別支援教育と道徳教育の関係

　永田（2016）は、中央教育審議会の報告や答申を例に挙げ、特別支援教育と道徳教育との間には、その考え方や理念などに様々な重なりや同方向性があると指摘している。

　例えば、インクルーシブ教育システムの構築をうたった中央教育審議会初等中等教育分科会の報告「共生社会の形成に向けたインクルーシブ教育システム構築のための特別支援教育の推進」（平成 24 年 7 月）の中の「1．共生社会の形成に向けて」の中では、次のように示している。

　共に学ぶことを進めることにより、生命尊重、思いやりや協力の態度などを育む道徳教育の充実が図られるとともに、（中略）…個人の価値を尊重する態度や自他の敬愛と協力を重んずる態度を養うことが期待できる。

　また、中央教育会答申「特別支援教育を推進する制度の在り方について」（平成 17 年 12 月）では、その第 2 章の中で次のような期待が述べられていた。

> 学校全体で特別支援教育を推進することにより、いじめや不登校を未然に防止する効果も期待される。(中略)…こうした考え方が学校全体に浸透することにより、障害の有無にかかわらず、当該学校における幼児児童生徒の確かな学力の向上や豊かな心の育成にも資するものと言える。

　これらが示すように、特別支援教育と道徳教育とは、共に豊かに生きる社会の実現への課題を明確に共有している。特別支援教育の取組が充実することは、いじめ問題など、現在の学校教育の様々な課題の解決に大きく資するものであり、道徳教育の充実にも意義を有するものなのである。

2-2. 特別支援学校における道徳教育

　特別支援学校小学部・中学部学習指導要領第1章総則第2節の2（2）には、先述したように小学部・中学部の道徳教育の目標が記載されている。小学部と中学部の目標を比較することそこには段階性を見出すことができる。そのため、指導にあたっては児童生徒の発達年齢に加えて生活年齢を踏まえることが重要であり、さらに特別支援学校における道徳教育においては、児童生徒の様々な実態に応じて指導方法の創意工夫をする必要がある。

　特別支援学校小学部・中学部学習指導要領の「第3章　特別の教科　道徳」には、小学部又は中学部の道徳科の目標、内容及び指導計画の作成と内容の取扱いについては、小学校、中学校それぞれの学習指導要領の第3章に準ずるものと記載されている。ここでいう「準ずる」とは、原則として同一であるということを意味している。その上で、特別支援学校小学部・中学部学習指導要領には、［明るい生活態度と健全な人生観］［各教科等との関連を密にした経験の拡充］［指導の重点化、内容の具体化、体験的な活動の取り入れ］（知的障害である児童又は生徒に対する教育を行う特別支援学校）、の3つが特別支援学校独自の項目として示されている（詳細は第2章）。

　道徳教育は、そもそも学校の教育活動全体を通じて進めるものである。特に知的障害特別支援学校においては、「特別の教科　道徳」をその要として位置づけながらも、常に全教育活動に視野を広げ、各教科等との関連を図った柔軟な展開が求められる。特別支援学校小学部・中学部学習指導要領第1章総則第7節の道徳教育に関する配慮事項には、全教員が協力する推進体制や家庭、地域社会との連携に関する事項、小学部・中学部の指導内容の重点化に関する事項、学校や学級の環境、具体的な体験等に関する事項が記載されている。

　これらの配慮事項を踏まえ、特別支援学校における道徳教育の充実を図るためにはまず、学校としての道徳教育の方針や計画を立てることが重要である。その際に、留意することとして永田（2019）は以下の3点を挙げている。

　○学校として、道徳教育をどのような方向に実現するのかの方針をもつ。
　○学校としての道徳教育の重点と、そのための方策の柱立てをもつ。
　○学校としての特色や方向性の明確になった道徳教育の全体計画をつくる。

　さらに、留意すべき事項として、児童生徒の障害の状態や発達の段階や特性などを考慮し重点化を図り、それを反映させた全体計画を作成することが挙げられている。

　次に、全教員が協力する推進体制を確立するために、道徳教育推進教師を中心とした校内体制を明確にしておく必要がある。特別支援学校においては、複数の学部を設置する場合も多く、全校としての道徳教育に関する方向性を共有し指導の系統性を担保するためには、推進チームを全ての学部の教員で構成するなどの工夫が求められる。

　さらに、特別支援学校においては各教科等相互の関連を図った指導や、合わせた指導における道徳教育の在り方について、学校としての方向性をもち、児童生徒の状況等に応じた学習活動の場の柔軟な設定を行う必要がある。したがって、特別支援学校においては、道徳教育の要としての道徳科における実践の他に、本書の第2部実践事例編にあるように、1）学級活動・ホームルーム活動や学校行事などの特別活動をベースとした実践、2）児童生徒の状態や経験等に応じて合わせた指導として行う実践、3）学習上、生活上の困難さの主体的な改善を視野に入れる自立活動としての実践、4）教育課程の特色化の視点から学校設定教科における実践などが、想定される。1）～4）として道徳教育を実践する場合には、道徳の内容項目を予め明確に位置づけ、指導の中で道徳性を育むための具体的な手立てを工夫することが求められる。

2-3．知的障害特別支援学校高等部における道徳教育

　視覚障害者、聴覚障害者、肢体不自由又は病弱者である高等部の生徒に対する教育課程とは異なり、知的障害特別支援学校高等部にのみ、道徳科が学習指導要領に位置付けられている。特別支援学校高等部学習指導要領第3章「特別の教科　道徳（知的障害者である生徒に対する教育を行う特別支援学校）」第1款には、次のように示されている。

> 　道徳科の目標及び内容については、小学部及び中学部における目標及び内容を基盤とし、さらに、青年期の特性を考慮して、健全な社会生活を営む上に必要な道徳性を一層高めることに努めるものとする。

　続く第2款には、中学部における道徳科との関連を図ること、各教科等との関連及び経験の拡充を図ること、指導の重点化、指導内容の具体化、体験的な活動の充実を図ることの3点が示されている。つまり、知的障害特別支援学校高等部においては、生徒の将来の生活を見据え、知的障害の状態、生活年齢、学習状況及び経験等に応じて、適切に指導の重点化を図り、体験的な活動を取り入れながら道徳教育を実施していくことが重要なのである。

　近年、小・中・高等学校の在籍者が一貫して減少傾向であることに反し、特別支援学校の在籍者は増加している。増加の主な要因は知的障害特別支援学校の在籍者の増加であり、中でも高等部在籍者の増加が大きな割合を占めている。知的障害特別支援学校高等部においては、知的障害の程度が軽度の生徒が増え、高等部全体の中で占める割合も高くなってきている（国立特別支援教育総合研究所，2012）。さらに、熊地・佐藤・斎藤・武田（2012）の全国の知的障

害を主とする特別支援学校と知肢併置の特別支援学校600校を対象とした調査研究によると、45.0％の学校に発達障害のある生徒が在籍していることが明らかとなった。こうした状況を踏まえ、越野（2014）は、知的障害特別支援学校高等部は在籍生徒の多様化により、メンタルヘルスの不調等の「新しい」課題に直面していると指摘している。したがって、知的障害特別支援学校高等部においては今後ますます予防的対応や促進的対応としての道徳教育にかかる期待は大きくなっていくと考えられるのである。

3．特別支援学校における道徳教育の実態

3-1．特別支援学校における道徳科の現状

　全国特別支援学校長会が、平成29年度に全国の特別支援学校1,083校を対象にした教育課程に関する調査によると、道徳の時間を設定して実施している特別支援学校の実施状況は表1-1のとおりである。

表1-1　道徳の時間の実施状況

(%)

	小学部	中学部	高等部	専攻科
視覚障害	72.4	72.7	9.0	0
聴覚障害	69.0	67.0	7.7	0
肢体不自由	31.3	30.9	9.1	0
知的障害	8.8	10.3	11.9	28.6
病弱	59.7	55.6	13.5	33.3

　表1-1より、小学部・中学部においては、知的障害特別支援学校の道徳の時間の実施状況が他の4障害種に比べ著しく低い値となっている。高等部に関しては、知的障害特別支援学校は病弱特別支援学校に次いで高い値となっているが、これは知的障害を除く4つの障害種の特別支援学校の教育課程には道徳科が位置付けられていないことと関係すると考えられる。

　齋藤（2021）は、全国の知的障害を主たる対象とする国立大学附属特別支援学校42校を対象とした道徳教育の実態調査（回収率69.0％）を実施した。その結果、道徳の時間を設定している小学部は17.2％、中学部は20.7％、高等部は10.3％であった。先の全国特別支援学校長会の調査研究と比較すると、小学部・中学部が高い値となっている。この背景には、国立大学附属特別支援学校は地域の特別支援学校のモデル校として先導的な実践を行う使命を帯びているため、道徳の教科化を受け他に先立って道徳の時間の指導を実施した可能性が考えられた。高等部においては同程度の値となっているが、高等部においては調査の段階では新学習指導要領が全面実施となっていないことが影響していると推察された。

3-2．知的障害特別支援学校における道徳教育の課題

　ここでは、知的障害特別支援学校における道徳教育の推進上の課題および実施上の課題についてみていく。まずは推進上の課題についてであるが、齋藤（2021）によると道徳教育推進教師の配置率は44.8％、全体計画の作成率は75.9％、年間指導計画の作成率は小学部41.4％、中学部44.8％、高等部34.5％であり、通常の小中学校と比較すると低い値であった。したがって、知的障害特別支援学校においては、まずは学校として道徳教育をどう捉え、どのように実施していくかの方針を明確にした上で、道徳教育推進教師の配置、全体計画及び年間指導計画の作成が求められるであろう。それらを有効に活用するためには、全体計画を用いて教員間の共通理解を図り、年間指導計画と有機的に結びつける必要がある。

　年間指導計画の記載項目に関しては、ねらいや指導時期といった基本的な項目をおさえるとともに、特別支援学校における道徳教育の在り方を考えた際には、他の教育活動とどのように関連させていくかということに関して具体的に記載する必要があると考える。この点に関しては、通常の学校において全体計画には記入しきれない内容については別葉を作成しているということが参考になるであろう。知的障害特別支援学校においては、その教育課程の特性を踏まえると、別葉に記載されるような、道徳科における内容項目との関連を踏まえた各教科、総合的な学習の時間、外国語活動、特別活動における指導の内容及び時期並びに家庭や地域社会との連携の方法こそ、道徳教育の充実において重要な内容だと考える。

　次に実施上の課題についてである。表1-2には、齋藤（2021）によって明らかになった知的障害特別支援学校における道徳教育実施上の課題が記載されている。そこでは、「教育課程上の位置付け」が最も件数が多く、道徳の時間を時間割に位置付けるかどうかといった学校の全体的な方針だけでなく、道徳教育と自立活動やキャリア教育などとの学習内容の重複をどう捉えるかといったことが課題として挙げられていた。また、「指導方法」、「評価」についても件数が多く、「学習内容」や「グループ編成」についても複数の学校から課題として挙げられていたことから、道徳の授業づくり全般に対する課題がうかがえる。さらに、「言語の理解・表出の困難」や「抽象的な内容の扱い」、「考え議論する道徳」といった知的障害の障害特性に関連する課題も挙げられていた。

　知的障害教育においては、道徳科の授業で一般的な指導スタイルとされる資料を読んで内容を理解し、登場人物の心情に迫りながら価値に気づき、話し合いを通して自分自身の生き方への思いを深めるということが、言語面の困難さ、抽象的な事柄の取り扱いの苦手さなどの知的障害の特性から難しいことが多い。したがって、知的障害教育において道徳教育に関する授業を行う場合には、当然対象とする子供たちの実態にもよるが、一般的な授業スタイルでは効果的でないことが多く、新たな指導方法を拓いていく必要がある。通常教育においても、これまでの固定的な指導スタイルに対する批判があり、「考え議論する道徳」が重視される傾向にあることを考えると、知的障害教育における道徳教育の充実が今後通常教育における道徳教育に大いに貢献する可能性があるだろう。

表1-2　知的障害特別支援学校における道徳教育実施上の課題

カテゴリ名	記述の例
教育課程上の位置付け	・自立活動やキャリア教育との関連する部分が多く、教育課程を考える際にも課題がある ・合わせた指導の中で、道徳を実施しているが、道徳の立ち位置がしっくりこない
指導方法	・重度の子供への指導支援について困難を感じている ・生活に近すぎるとソーシャルスキルトレーニングのようになってしまう
評価	・評価の在り方 ・担当者（担任）によって評価の仕方に違いは出ないか
学習内容	・生徒の障害の状態や発達段階や特性等に応じた学習内容の設定の難しさ ・道徳の時間としてどのように学習内容を設定し、取り組んでいくのがよいか
言語の理解・表出の困難	・言語の理解や表出に困難があり、言葉による心情の理解や、思いの表出においてつまずくことが多いこと ・教科書はあるが、内容の背景、設定、登場人物の相関などを読み取る国語力も必要であり、活用が難しいこともある
グループ編成	・発達段階や特性に応じた学習集団の工夫 ・障害の程度に配慮した生徒のグループ編成や個別対応
全体計画・指導計画・個別の指導計画の活用	・全体計画、年間指導計画が十分に活用されていない、作成に留まっている ・個別の指導計画（単元計画）は、どのようにしていけばよいか
抽象的な内容の扱い	・イメージすることが難しい児童生徒に対して、相手の気持ちを想像したりみんなで協力したりすることのよさに気付けるようにするためには、どのような授業展開にしたらよいのか悩む
考え議論する道徳	・知的障害のある子供たちに考えることを中心に授業することは現実的でないように感じる ・知的障害のある子供たちにとっての道徳の在り方があるのではないか

【引用・参考文献】

熊地需・佐藤圭吾・斎藤孝・武田篤（2012）特別支援学校に在籍する知的発達に遅れのない発達障害児の現状と課題－全国知的障害特別支援学校のアンケート調査から－. 秋田大学教育文化学部研究紀要（教育科学）, 67, pp9-22.

国立特別支援教育総合研究所（2012）特別支援学校（知的障害）高等部における軽度知的障害のある生徒に対する教育課程に関する研究：必要性の高い指導内容の整理と教育課程のモデルの提案. 専門研究B（重点推進研究）：研究成果報告書.

越野和之（2014）特別支援学校高等部をめぐる近年の諸問題. 障害者問題研究, 42(1), pp2-9.

齋藤大地（2021）知的障害特別支援学校における道徳教育に関する現状と課題－全国国立大学附属特別支援学校を対象とした質問紙調査から－. 宇都宮大学共同教育学部研究紀要, 71, pp45-54.

永田繁雄（2016）特別支援教育における道徳教育の充実に向けて. 特別支援教育, 61, pp14-17.

永田繁雄（2017）平成29年版小学校新学習指導要領ポイント総整理特別の教科 道徳. 東洋館出版社.

永田繁雄（2019）知的障害教育における「特別の教科 道徳」のあり方. 特別支援教育研究, 743, pp2-7.

松尾直博・翁川千里・押尾惠吾・柄本健太郎・永田繁雄・林尚示・元笑予・布施梓（2020）日本の学校教育におけるエージェンシー概念について：道徳教育・特別活動を中心に. 東京学芸大学紀要総合教育科学系, 71, pp111-125.

OECD（2019）OECD Future of Education and Skills 2030. Conceptual learning framework. Concept note: Student Agency for 2030.

第2章　知的障害特別支援学校における道徳教育

細川 かおり（千葉大学教育学部 教授）

1. 特別支援学校における「特別の教科　道徳」のねらい

　まず、特別支援学校における「特別の教科　道徳」のねらいや指導上の配慮事項について、学習指導要領からみてみたい。

　特別支援学校における「特別の教科　道徳」の目標、内容などは、それぞれ小学校・中学校学習指導要領と同じように行うとされており、「特別の教科　道徳」の目標は「よりよく生きるための基盤となる道徳性を養うため」である。そのためには「道徳的諸価値についての理解」を基に、「自己を見つめ、物事を多面的・多角的に考える」こと、そして「自己の生き方についての考えを深める学習を通して」「道徳的な判断力、心情、実践意欲と態度」を育てるとされる。さらに「豊かな心」を涵養することや、「自己の生き方を考える」「主体的な判断の下に行動する」「自立した人間として他者とよりよく生きる」ための基盤として道徳性を養うとしている。

　これらのために児童生徒一人ひとりが自分の問題として捉え、自身の身に引きつけて考えられる、「考える道徳」「議論する道徳」への転換が図られている。これは知的障害のある児童生徒への指導においても同じである。

　特別支援学校の学習指導要領では、これらに加えて以下の3点が挙げられている。まず「障害があるということで、自己の生き方について悩んだり、自信を失ったり、消極的な態度になりがちな者もみられる」という、障害が児童生徒の生き方に及ぼす影響を踏まえて、児童生徒が「自己の障害について認識を深めること」「自ら進んで学習上又は生活上の困難を改善・克服して、強く生きようとする意欲を高める」ように指導することである。障害を抱えながら生きることはやさしいことではないだろう。児童生徒にとって障害は学校生活の様々な場面で、学習上の困難として自覚され、成長の過程で悩むことでもあるだろう。これらを改善、克服しながら、児童生徒が「明るい生活態度」「健全な人生観」を育成し、そのことを通して人間としての生き方の自覚を深めていくことが求められている。こうした指導は「学校の教育活動全体」を通して行うこと、及び「日常の様々な機会を通して」指導することとされる。

　次に、特別支援学校の児童生徒が、障害の状態から経験不足になりがちであることに配慮し、豊かな道徳的心情の育成や、広い視野に立った道徳性を養うためには、経験を広げ、充実させることが必要であるとし、経験を重要としている。また「特別の教科　道徳」における経験の拡充にあたっては、各教科、外国語活動、総合的な学習の時間、特別活動及び自立活動の指導と

の関連を密にしながら指導することが求められている。

さらに「知的障害特別支援学校」における指導で配慮することが加えられている。知的障害特別支援学校においては、「個々の児童生徒の知的障害の状態、生活年齢、学習状況や経験等を考慮することが重要であること」とされる。これは知的障害の障害特性に配慮して学習を進める必要があるということである。児童生徒の実態や生活年齢に配慮しながら「具体的なねらいや指導内容を設定すること」とされている。この際、知的障害のある児童生徒の学習上の特性から、「生活に結びついた内容」を「具体的な活動を通して」指導することが効果的で、「実際的な体験を重視する」ことの必要性が述べられており、知的障害の学習特性に配慮し、児童生徒が十分に身に引きつけて理解できるような指導が求められている。

２．知的障害のある児童生徒の学習上の特性と指導上の配慮

知的障害のある児童生徒の学習上の特性として、いくつかが挙げられている（特別支援学校学習指導要領，2018）。知的障害のある児童生徒は「学習によって得た知識や技能が断片的になりやすい」「実際の生活場面の中で生かすことが難しい」とされる。さらに、成功経験が少ないことなどにより、「主体的に取り組む意欲が十分に育っていない」ことが多いとされている。

したがって指導方法としては、実際の「生活場面に即した形」で学習する、「繰り返して」学習する、「継続的・段階的」に指導することが効果があるとされる。また学習の過程においては、児童生徒ががんばっているところやできたところを細かく認めたり、称賛することを通して、児童生徒の「自信や取り組む意欲を育てる」ことが求められる。さらに、抽象的な内容の指導よりも、「実際的な生活場面」の中で、「具体的」に思考や判断、表現できるようにする指導が有効であるとされる。一方、児童生徒が一度身に付けた知識や技能は、着実に実行されることが多いことも重要である。

知的障害の教育課程は、他の障害とは異なる各教科とその内容があること、各教科等を合わせた指導があるなど、独自の教育課程となっているが、それはこうした知的障害の障害特性をふまえてのものである。

このように知的障害の障害特性を考慮すると、知的障害の児童生徒への授業づくりや指導においては、児童生徒一人ひとりの実態にあわせて指導していくことや、具体的であること、体験を重視すること、生活に活かせるようにすることが求められている。

３．知的障害特別支援学校の教育と道徳教育

特別支援学校における道徳教育に関する研究や実践報告は少ないが、なかでも知的障害特別支援学校における道徳教育の研究や実践報告は少なく、断片的であるために、知的障害特別支援学校の一般的な傾向について述べることは難しい。だからといって、知的障害特別支援学校において「特別の教科　道徳」への意識が薄いわけではなく、取組がなされていないわけではない。

「特別の教科　道徳」については周知され、各学校において取り組まれている。知的障害特別支援学校では、児童生徒の障害特性や発達段階、生活年齢に合わせて計画し、実践が工夫されており、また各学校において教育課程上に位置付けられ、道徳教育の全体計画が作成され、取り組まれている。「特別の教科　道徳」の授業の実践報告については、都道府県の教育委員会においては実践指導事例が集められ、指導のモデルとして多く示されている。また、各学校においても道徳教育への取組を学校だよりやホームページなどで発信している。このように、各々の特別支援学校の児童生徒の実態に合わせて「特別の教科　道徳」への取組が行われている。しかし、その障害特性から生じる学習上の困難があるために、小学校や中学校で通常行われている教材や指導方法で行うことが困難な児童生徒が多く、授業づくりに難しさもあるのが実際であろう。

　ところで特別支援教育の考え方と道徳教育との間には、その考え方や理念などに様々な重なりがあることが指摘されている（永田，2019）。また加藤（2014）は、特別支援教育においては通常の小学校と同様な道徳の時間を運用することは難しい面もあるとしているが、しかし実際には、無意識のうちに道徳教育を重視していることを指摘している。以下に、特別支援学校の教育と道徳教育との重なる点のいくつかを挙げてみたい。

　まず、特別支援学校の教育の目的が自立と社会参加であることである。社会で自立するための社会参加に必要な態度や人と協調しながら活動していくこと、社会のルールの理解、周囲の人に親切にするなどのかかわりや、障害があっても強く生きようとする意欲を育てること等々取り組まれており、これらには道徳教育の内容と重なる面も多い。障害のある児童生徒が社会を生き抜くための生きる力の育成が教育の上で意識されてきたが、重なる面も多い。

　また、知的障害特別支援学校で取り組まれているキャリア教育においても道徳教育の内容が扱われている。キャリア教育とは「一人ひとりの社会的・職業的自立に向け、必要な基盤となる能力や態度を育てることを通して、キャリア発達を促す教育」であり、「児童生徒が、学校生活を中心として、家庭生活や地域生活の諸場面で経験できる様々な役割を果たすことを通して、自分の存在価値を経験的に理解し、その存在価値を発達的に高めていくことができるようにする教育的行為」（米田，2015）とされる。知的障害のある児童生徒のための「キャリア発達段階・内容表（試案）」（国立特殊教育総合研究所，2008）には、具体的に4つの領域に分けた内容が示されている。このうち「人間関係形成能力」では、人とのかかわりや集団参加、意志決定、「情報活用能力」では、社会のきまりや法、役割の理解、「将来設計能力」では夢や希望をもつこと、「意思決定能力」では目標を立ててやりぬこうとすることといった内容が含まれている。

　知的障害特別支援学校の小学部において設けられている教科「生活」は、昭和46年養護学校小学部・中学部学習指導要領の知的障害の教科のなかに「生活科」として新設されたことに始まる。この生活科については、「教科指導とその他の生徒指導や道徳などの教科外課程で身につけるべき力が分離されず、一体となった形を想定して教育内容が分類されて」いる（山田・米田，2010）。生活科が設けられた背景にはそれまでの知的障害への教育において生活からの学びを重視した流れがあったと考えられる。「生活」は平成29年告示の特別支援学校小学部・中学部学

習指導要領では大幅な改定がなされたが、「生活」の内容には、「安全」「人とのかかわり」「役割」「手伝い・仕事」「きまり」といった内容があり、道徳教育の内容を扱うことができると考えられる。

　このように、知的障害の教育においては、知的障害の児童生徒を社会の中に位置付け、自立を目指した教育を当初から考えており、そのための社会を生き抜く力の育成の中には、「特別の教科　道徳」の内容が扱われており、これらの学習活動の中でも取り組まれているといえる。

４．知的障害特別支援学校の「特別の教科　道徳」の実際と指導上の配慮

　「特別の教科　道徳」は、「特別の教科である道徳を要として学校の教育活動全体を通じて行うものであり、各教科、外国語活動、総合的な学習、特別活動や自立活動と関連を密にしながら行う」とされている。

　知的障害特別支援学校では、学校の教育活動全体を通して道徳を指導することは多く行われているだろう。その理由として、「特別の教科　道徳」の学習内容を生活に活かしていくためには、知的障害の児童生徒が身近な生活の中で学習することや、繰り返して学習することが有効であることが挙げられる。学校や社会の規則を守ることなど、学校生活の中で繰り返し学習していくことにより、身に付けることができる。「特別の教科　道徳」以外の教科別の指導や教科等を合わせた指導等の授業においても、知的障害の障害特性を考慮して実際にやってみるなど体験的な活動を取り入れて学習していくことも多く、これらの授業の中で具体的、体験的に「特別の教科　道徳」の内容が指導されていることもある。

　知的障害の児童生徒が自分の身に引きつけて学習内容を理解するためには、生活の中で生じたトラブルなどの問題解決の場面を捉えて学習していくことも有効であろう。トラブルが生じたときに児童生徒が体験している心情にそって、教師が対話しながら課題解決していくことは、具体的であり、児童生徒が実感を伴い学習することができるだろう。

　「特別の教科　道徳」の授業として取り組む場合、教師や仲間と対話により考えを深めていくためには、知的障害の児童生徒が自分の身に引きつけて考えることができ、道徳的価値を実感できるような題材の設定や教材、授業展開の工夫が求められるだろう。

　いずれにしても知的障害の児童生徒の「特別の教科　道徳」の指導においては、知的障害という特性を考慮して具体的であり、体験を重視していること、生活に活かせるように設定することが求められる。以下に「特別の教科　道徳」の授業及び、教育活動全体を通しての指導を含めて知的障害の児童生徒の道徳における指導において配慮や工夫が必要な点のいくつかについて述べる。

４-１．言語活動における制限と配慮

　障害特性から言語の理解や表出に制限がある児童生徒が多い。自分の意見を表現する場合、言語でのコミュニケーションが十分にできる児童生徒から、２〜３語文程度の表出の児童生徒まで一人ひとりの実態が異なる。また、「特別の教科　道徳」においては、通常文章が教材にな

ることが多いが、文章を読んでその内容を理解できる児童生徒、文章の内容を理解することに多くの支援を必要とする児童生徒、文章を読んで内容を理解することが困難な児童生徒もいる。またワークシートを用いて、感じたこと、考えたことを表現する場合も、文章で自分の考えを十分に書くことができる児童生徒、簡単な表現であれば文章で表現することができる児童生徒、文章での表現が困難な児童生徒がおり、実態が多様である。文章を読む、書くこと自体に負荷がかかり、本来の目的である道徳的に価値について理解したり、議論する手段にすることが困難な場合も多い。こうした実態を踏まえた授業の方法が工夫される必要があり、知的障害の児童生徒が道徳的価値を理解して学習しやすい教材の開発、授業の展開の工夫が求められている。

4-2. 生活年齢という視点

　知的障害のある児童生徒の生活年齢を考慮することが必要である。高等部の生徒には、言語による理解や表現が制限されている生徒もいるが、生徒の発達のみに配慮するのではなく、生活年齢に配慮することが特に求められる。滝川（2017）は、知的障害を「遅れを含み込んで大人になる」としているが、大人になるということを考慮すると、生活年齢に合わせた「特別の教科　道徳」の内容が求められる。ほとんどの児童生徒は高等部を卒業すると社会人として社会に巣立っていくことにもなる。

　知的障害のある児童生徒の道徳性の発達についての研究はみあたらないが、高等部でことばでの表現が2〜3語文の生徒を、同程度のことばでの表現の小学部の児童生徒と比較すると、ふるまいが全く異なっている。高校生としてのふるまいができるようになっており、年下の児童生徒のことを思いやった行動をしたり、あいさつなど礼儀正しいふるまいや、その場にふさわしい態度でふるまうことができる。知的障害のある児童生徒が道徳性を発達させることができ、身に付けることができるという見通しをもって積み重ねてくことが必要だろう。知的障害の診断のひとつは知能検査によるが、知能検査は道徳性を測定しているわけではない。「特別の教科　道徳」の実践を通して知的障害のある児童生徒の道徳性の発達を示すことも可能と考えられる。

4-3. 生活に活かせる指導

　知的障害教育では、学校で学習してできるようになっても、家庭や近所など別の場では、学習したことが「できない」ことはよく聞くことである。例えば「授業であいさつについて学習して、できるようになった」「朝の会の最初のあいさつが上手にできるようになった」としても、休日に散歩しているときに近所の人に会ってもあいさつができないなどである。「特別の教科　道徳」においても、知的障害の特性に配慮して、児童生徒が、身近なこと、自分のこととして捉えて身に付けることができ、学習の中で実感し、生活に活かしていける指導を考えていく必要があるだろう。また、生活に活かすことで、自分自身も気持ちよく過ごせたり、周りの人も気持ちよく過ごせたりする体験をすることも、学ぶことの喜びを感じ、自信に繋がることであろう。

5．おわりに

　児童から思春期を経て大人へと成長していく過程は、障害の有無にかかわらず、どの子供も自己と向き合い、自己をつくっていく過程であり、いくつかの葛藤を乗り越えていくことが必要である。知的障害の児童生徒の実態は多様である。しかし、どの子供も時に葛藤を抱える姿が見受けられ、またその葛藤を乗り越えていかなくてはならない。知的障害の障害特性から、教師は児童生徒の葛藤を捉えにくく解決への支援も試行錯誤となることもあるものの、自立にあたっては、児童生徒が様々なものごとに向き合い、葛藤を乗り越えて自己をつくっていくことは必要なことである。「特別の教科　道徳」が、知的障害のある児童生徒にとって、自己と向き合い、葛藤を乗り越えて成長し、主体的に人生を生きるための、そして豊かに人生を送るための要となることを願っている。

【引用・参考文献】

加藤英樹（2014）特別支援教育における道徳教育：学習指導要領での位置付けと教育現場での実践. 道徳と教育, 58（332）, pp99-111.

国立特殊教育総合研究所（2008）平成18・19年度課題別研究報告書　知的障害者の確かな就労を実現するための指導内容・方法に関する研究.

滝川一廣（2017）子どものための精神医学. 医学書院

永田繁雄（2019）知的障害における「特別の教科　道徳」のあり方. 特別支援教育研究, 743, pp2-7.

文部科学省（2018）特別支援学校学習指導要領解説各教科編（小学部・中学部）. 開隆堂出版.

文部科学省（2018）特別支援学校幼稚部教育要領小学部・中学部学習指導要領. 海文堂出版.

山田康広・米田宏樹（2010）精神薄弱教科「生活科」新設に伴う各教科の内容の変化−昭和38年と昭和46年養護学校（精神薄弱教育）小学部・中学部学習指導要領及び資料の比較. 障害科学研究, 34, pp113-127.

米田宏樹（2015）今日的な課題への対応−その②知的障害教育とキャリア教育. 太田俊己・藤原義博（編）知的障害教育総論. 放送大学教育振興会, pp183-205.

第3章

道徳教育における発達障害のある児童生徒への指導と配慮

水内 豊和（富山大学人間発達科学部 准教授）

1. 知的・発達障害者の生活上の困難

　発達障害のある子供は、各種の能力の遅れ・偏り・歪みに起因する問題と、本人をとりまく社会の理解の不十分さの関係性の中で、生きづらさを抱えている。道徳教育は、自己の生き方を考え、主体的な判断の下で行動し、自立した一人の人間として、他者と共によりよく生きるための基盤となる道徳性を育てていくことを目的としている。よく「発達障害児者は社会性やコミュニケーションに問題がある」といわれるが、実際には、社会性やコミュニケーションにおいてどのような難しさを抱えているのかは、種々の障害特性のみならず、その人によって異なる。以下に挙げた事例は、個人が特定できないように若干のフェイクを入れてはいるが、ほぼ実際にあったことである。

【事例1：お年寄りに席を譲り続けるAさん】

　Aさんは、30歳の男性で、誰にでも優しくとても思いやりのある性格です。ある日、Aさんは電車の中で、席に座らずに立っているおじいさんを見かけました。Aさんはそのおじいさんを見ると、すぐに自分が座っていた席から立ちあがり「この席に座ってください」と、おじいさんに席を譲りました。しかし、そのおじいさんは「ありがとう。でも次の駅で降りるからここに立っているよ」と言い、席に座りませんでした。席に座らないおじいさんに対してAさんは、「席に座ってください！」としつこく席を譲り続けました。「次の駅まで1分もかからないのに…」とそのおじいさんは困ってしまいました。Aさんは「せっかく席を譲っているのに、なんで座ってくれないんだ」とイライラしています。

【事例2：周りの女の子たちから嫌われてしまったDくん】

　ASDのあるDくんは、中学2年生の男の子です。Dくんはとても正直で、気づいたことや思ったことをすぐに口に出してしまうことがあります。ある日、Dくんのクラスで体育の授業があったため、クラス全員が体育着に着替え、体育館に集合しました。体育館で整列をしているときに、Dくんは斜め前に立っているクラスの女の子の下着の色が透けて見えることに気付き、大きな声で「○○ちゃんのブラジャー、ピンク！」と言いました。それを言われた女の子はびっくりして泣いてしまいました。また、クラスの女の子たちも「Dくんひどい！最低！」と言い、みんなでDくんを非難しました。

　事例1は、一見しっかりと向社会的行動が身に付いている。しかし、せっかくの良い行動もその運用を誤ると、本人も周りも残念なことになる。事例2は、これは性教育の欠如だろうか？あるいは行動問題としての生徒指導案件なのだろうか？

2．道徳の学習を支える能力－知的・発達障害に関して－

2-1．道徳における発達とその障害

　筆者が大学の教育相談室で行った実践事例（p.144、第2部第2章事例6参照）を一読してほしい。定型発達であれば小学3年生は自律的道徳性を獲得し始める時期にあたる。しかし本実践事例における対象児たちは、本授業の前に行った主題「正直な心」を扱った『千ばづる』という題材の中で、正直な心とは「先生に怒られないうちに謝る心」と答えるなど、他律的な道徳価値判断の段階にとどまっていることがうかがわれた。

　それに加えて、知的障害のある対象児には、文章から内容を理解することの難しさが立ちはだかる。そのため教科書に沿った内容を行おうとしても、主題の理解以前に、そもそもの内容理解をいかに図るかが課題となる。この「カナヘビ実践」では、ビジュアルプログラミングツールViscuitを用いアニメーション化して、カナヘビの心情とその理由を児童たちに提示することで理解を図ろうとした。

　さらには、この実践の対象児は2名とも後述する「心の理論」課題の第一次誤信念課題が不通過であった。このことは、例えば教科書に登場する人物が、一人の場合ですらその心情を理解することに困難を呈するであろうことを示しており、ましてや3年生で扱う『泣いた赤おに』のような、登場人物が複数いて、それぞれの視点に立って心情理解を迫ることは、心の理論が未獲得である観点からしても難しいだろう。

　もっと言えば、自分にとって身近でない、ファミリアリティ（親しみ、親密性）のもてないものに対しては、視点取得がより困難となる。そのため、この実践事例では、児童に共通して興味があり学習意欲がもてるものとしてカナヘビを取り上げたが、A児とB児は自分の意見にはこだわりをもつものの、他者の意見への寛容さを確認するまでには至らなかった。その一方で、心の理論課題を通過している別の2名の児童は、人はそれぞれ考えることが異なるということを理解できていた。

2-2．適応行動からの実態把握の必要性

　筆者がT県にて監修する、発達障害・知的障害者の成人40名以上が所属する余暇サークルがある。ここでは毎年バスを借り切って近県に旅行に行くのだが、その旅行先の観光地で、図3-1のように、メンバーがたまたま同じレジに連なって、お土産を家族や職場に買っていた。その場面を筆者は見ていなかったのだが、売店の店員があとから私のもとにやってきて「すみませんが、引率者の方ですか？」と尋ねられた。聞けば、メンバーが買い物をする際に、Aさんがお金が足りず、たまたま後ろに並んでいたBさんが貸したという。レジをしていたその店員は、

何かしらメンバーについて察することがあったようで、筆者にそのことをレシートの控えを持ってわざわざ教えてくれたのである。筆者は店員に礼を言い、AさんとBさんに「お金の貸し借りをしたんだって？」と尋ねた。2人は素直にそれを認めたが、AさんはBさんにいくら借りたのかが答えられず、BさんはAさんにいくら貸したのかが答えられなかった。この事例を皆さんはどう見るだろうか？この本の読者が関わっている学齢期の子供たちは、義務教

Bさん（自閉スペクトラム症）　　Aさん（中度知的障害）

図3- 1　買い物をする場面

育段階の今だけでなく、むしろそれよりも長く18歳の卒業後の社会生活を含めて60〜70年を生きていくわけであり、学校教育段階から、地域社会で生きるための適応行動を身に付ける必要があるだろう。その指導にあたって定型発達児とは異なり留意すべき点としては、知的発達・認知発達の状態や心の理論の獲得状況、ソーシャルスキル、性教育はもちろんのこと、道徳性の段階も含まれることは言うまでもないだろう。

　図3- 2は、AさんとBさんそれぞれに、この場面を、単に良し悪しで判断するのではなく、発達や学習において習得・維持・般化できていることと、十分に獲得できていないスキルや能力とを多面的・多角的に整理して示している。このように人間社会は「複雑系」であり、適応行動を遂行するための複合的な様々な視点からの実態把握と、生涯にわたる適応的な生活に資することを志向した「今とこれから」に必要な適切な支援が求められる。

　発達障害児の指導や支援は、チーム学校と言われる今日、担任教師においてのみなされるわけではない。たとえば養護教諭は発達障害児の示す性の問題への対応を重要な課題と捉えてい

Aさん
・所持金と使用する金額との関係が理解できない
・必要なものかどうかの判断ができない
・困っても相談できない
・借りていいものと悪いものの判断がつかない
・ものを借りても記憶していない

A・Bさん
・商品を買うことができる
・支払いができる
・お金の種類が分かる
・並ぶことができる
・順番を待つことができる
・店員の指示を理解することができる
・家族や知人にお土産を買うことができる

Bさん
・自分が困っても相談できない
・貸していいものと貸してはいけないものの判断がつかない
・いくら貸したのか覚えていない
・**人が困っていたら「助けてしまう」**
・**一つの方法しか持ち得ていない**

Bさん（自閉スペクトラム症）　　Aさん（中度知的障害）

図3- 2　適応行動に照らした、多面的・多角的な視点からみたできることと苦手なこと

図3-3　知的・発達障害児者に対する多面的・多角的な見方とアプローチ

るが、性に関する正しい知識や対人関係スキルの面は性教育のみで解決することは難しいと考えている（水内・中島，2012）。したがって、知的・発達障害児に対して学校教育において行われる道徳教育においては、図3-3に示すように、様々な教育活動との関連を意識して、包括的に取り組むことが期待される。

2-3.「心の理論」と他者視点に立って考えるための指導

　自閉スペクトラム症の社会性の障害の原因仮説のひとつとして、多くの研究者が「心の理論」に着目している。心の理論とは、「他者には自分とは異なる心の働きがある」ということを理解する能力のことを指す。私たちは日常生活を送る中で、相手の心を読んだり、相手の立場を考えたりしながら人と関わっている。しかし、相手の心は外から見ることはできないため、私たちは、相手が置かれている状況と行動を見て、それらから相手の心を理解しなければならない。この理解が可能になることを「心の理論の獲得」といい、定型発達児はおおむね4歳ごろに心の理論を獲得することが明らかになっている。一方、自閉スペクトラム症の子供は獲得が遅れたりできなかったりすることが指摘されている。

　心の理論の獲得を確かめる課題のひとつとして、バロン-コーエン（Baron-Cohen, S）らが考案した「サリーアン課題」がある（図3-4）。これは、自分は正解を知っているけれど相手は正解を知らないという条件下で、正しく他者視点に立つことができるかどうかを確かめる課題であり、この課題における正解は「カゴ」になる。4歳児にこの課題を行うと、定型発達児の85％がこの課題に正答したにもかかわらず、自閉スペクトラム症児の80％が誤答という結果であった。この結果が示唆するように、他者視点に立って物事を考えることに苦手さを抱える自閉スペクトラム症児者にとって、心の理論課題は困難が現れやすい課題であるといわれる。また図3-5も「ありがとう、うれしい」と答えた女の子のことばは真実か、そしてどうしてそのように言ったのかを問うものである。読者の方は、してもらったことに対して無下に「うれしくない」と答えることはできないことは分かるであろう。しかし自閉スペクトラム症のある子供のみならず大人の少なくない人たちまでもが、この課題において「ありがとう」という言葉

【サリーとアンの課題】

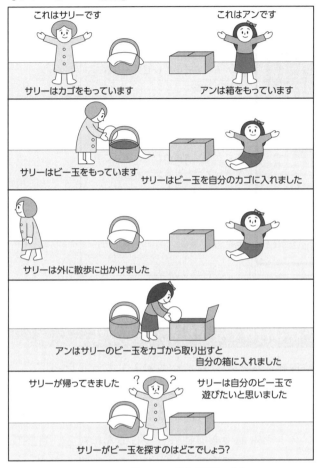

図3-4　「心の理論」課題の例

図3-5　ストレンジストーリー

を「本当だ」と答えたり、その理由については「うさぎの辞典だから」などと本質的ではない回答を示すのである。自閉スペクトラム症児者の社会性の問題や他者意図が汲めないことに起因するコミュニケーションの問題は、道徳性の発達においても大きく影響を与えることが容易に想像できるだろう。

　しかし、自閉スペクトラム症のある子供だから、決して他者視点に立てないというわけではない。図3-6は、自閉スペクトラム症のある小学5年生に筆者が行った、他者視点に立って何をプレゼントされたらうれしいかを考える課題である。彼はお母さんに、コーヒー、洗濯洗剤、ヨーグルト、そして自分の好きな殺虫剤とハエたたきを選んだ。またその理由として「やさしいから。よろこんでくれると思うし、使うとほめてくれるから」と書いた。このように日常生活の文脈の中で、まずは一番身近にいる他者（≒母親）について、楽しい課題の中で、他者視点に立って考えることをていねいに指導していくことは、簡単ではないが大切なことと考える。

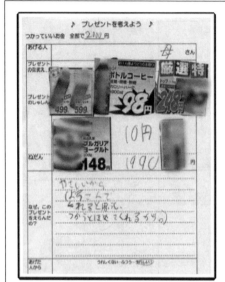

「プレゼントを考えよう」

相手の立場に立って、何をあげたら相手が喜ぶかを考え、広告から選び切ってワークシートに貼る。そしてそのプレゼントを選んだ理由も書く。

なお、母親、先生、友達など、相手によって自分がプレゼントにどの程度支払うのが妥当か・支払うことができるのかを、子供に考えさせることも有効である。

ワーク後、実際にワークシートを相手に渡し、選んだプレゼントに対するコメントや感想を書いてもらう。

図3-6　他者視点に立って考える課題の例

3. 道徳の内容の「4つの視点」と結び付けて支援を考える必要性

　自閉スペクトラム症児者のもつ他者心情理解の弱さ等に起因する対人トラブルについて、その事案への事後指導はもちろんであるが、日常の生活の中で機会を捉えて指導していくことも必要である。水内・成田（2015）は、異性へのつきまとい行為や職場で裸になるという行動問題が主訴で職場から相談のあった自閉スペクトラム症のある社会人のGさんに対し、自然な生活文脈の中で他者視点取得の機会を作り、全6回の心理支援を行った。その結果、家族へのクリスマスのプレゼントを考えるという身近なライフイベントの中で、Gさんにとって「社会的に望ましい気持ちの伝え方」を知り、また「相手がうれしいと思うことをすることは自分もうれしい」というように、さらなる向社会的行動につながる気持ちの深まりがみられた。この取組に限らず、筆者が担当する成人の方の行動問題への対応においては、表3-1に示すように、道徳科の扱う4視点のうちの3つに沿って、その行動問題の引き起こすデメリットを、本人とって（A 主として自分自身に関すること）、まわりの人にとって（B 主として人との関わりに関すること）、会社にとって（C 主として集団や社会との関わりに関すること）についてていねいに話をすることにより、より高次の理解レベルまで考えられるように支援をするようにしている。叱られるから、警察に捕まるから、職を失うからといった他律的判断にとどまる方が少なくないが、それをより自律的で、また会社の信用というような具体的なものではないことへも思いを巡らせることができるようにしていくことは、学齢期から取り組んでいくべき課題であろう。なおこの視点は、「言われなくても誰かの落としたゴミを捨てる」などの望ましい行動についても、それが自分にとって、周囲の人にとって、学校や職場にとってどのようなメリットがあるのかというように、同様に取り上げていきたい課題である。

表3-1　自分の行動を他者の視点から考える取組

問題となった行動「G さんが職場で裸になって飛び出した」

A　主として自分自身に関すること	B　主として人との関わりに関すること	C　主として集団や社会との関わりに関すること
G さんにとって	まわりの人にとって	会社にとって
怒られる（G） 仕事を辞めさせられる（T）	いやな気持ち（G） 気持ち悪い（G）	この会社にはへんな人がいるという評判になる（G） 社会的な信用が落ちる（T）

(G) ＝G さんと支援者とのていねいな対話で導出した応答　　(T) ＝支援者の提案

4．指導における留意点

　先述したように、筆者が行った実践事例（p.144、第2部第2章事例6参照）は、対象児の興味関心の近いところから他者心情を類推することを目的として、人ではなく指導者の捕まえてきた「カナヘビ」の気持ちを考えさせた。図3-7は、ある高校での「こんなときどうする？」課題を用いたソーシャルスキルトレーニング（SST）の授業の様子である。知的能力の高い自閉スペクトラム症のある生徒Mくんに対して、棒人間で示した図を示しながら、「この3番目に並んでいるのがあなたよ。そこにKくんが割り込んできたら、あなたはどんな気持ち？」と教師が問いかけるが、Mくんはこれだけの情報の提示では状況がきちんと理解できず、黙り込んでしまった。そのとき、この担任教師は、Mくんがゲームが好きなことを思い出し、「ここはゲームを売っているお店よ。今日は先着3名までゲームが買えるけど、あなたは3番目に並んでいるの。そこに、Kくんが割り込んできたのよ。そんなとき、あなたはどんな気持ちがする？」と問い直した。するとMくんは「なんで横入りするんだ、ばか！」と感情をあらわにした。この、「こんなときどうする？」課題は、よくSSTで用いられる手法である。しかし、そこで取り上げられる問題設定場面もだが、イラストなども含めて、対象児・者の生活文脈から乖離したり抽象

図3-7　リアリティとファミリアリティが必要

的すぎたりしては、このケースのように難しいこともあり、課題への理解と心理的移入にはリアリティが必要である。この事例が示すように、道徳科においては、学年相応の道徳の教科書をそのまま使用することは難しく、個々の認知面や心理面の発達を適切に把握し指導することが教師には求められるのである。また図3-8にあるように、知的障害者は、定型発達者と比較してとりわけ「どう？」「どんな？」という質問に対して、その質問内容を適切に理解して返答することが難しい（小島・池田，2004）。そのため、道徳に限らず、図3-9のように、教師は児童生徒が理解できるたずね方を見極めつつ、授業中の発問のしかたについて配慮する必要があるだろう。

自己理解 (小島・池田, 2004)

- インタビュー（MRのCA=24.2、MA8.4）
- ＜自己評価＞
  - 1．〜さんは、自分のどんなところが好きですか？
  - 2．〜さんは、自分のどんなところが嫌いですか？
  - 3．自分のいいところは、どこですか？
  - 4．自分の悪いところは、どこですか？
- ＜自己定義＞
  - 5．〜さんは、どんな人ですか？
- ＜理想自己＞
  - 6．〜さんは、どんな人になりたいですか？
- ＜過去の自己＞
  - 7．〜さんは、昔はどんな人でしたか？

図3-8　知的障害者の自己理解
1・2・5への応答はより難しい

たずね方

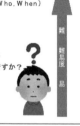

- ①答えが限定されない質問（How）
  - みなさん、夏休みはどうでしたか？
  - 今度の日曜日はどうしますか？
- ②答えがやや限定される質問（What, Where, Who, When）
  - 何かいい考えのある人はいませんか？
  - どこで、その本を買いましたか？
  - 誰が掃除をしてくれたのですか？
- ③答を選択肢の中から選ぶ質問（Which）
  - あなたは、そばとうどんではどちらが好きですか？
  - 赤い帽子がいいですか、それとも黒い帽子がいいですか？
- ④はい／いいえ　で答える質問
  - 昨日、プールに行きましたか？
  - はさみを持っていますか？

難　難易度　易

図3-9　発問の仕方に配慮する

5．学齢期以降を見据えた指導

　本書で取り扱っている道徳科の内容は、主として小学生から中学生において習得しておきたいものとなっている。しかしそれ以降の、中・高等学校段階はどのようなことを意識して指導をしていけばよいだろうか。道徳に限らず、発達障害のある子供への指導は、得意な面を活かした支援方法である【長所活用型指導】を用いることが今日的になっている。聞いて理解することが苦手でも、視覚的な情報を記憶することが得意な子供もいる。また、子供ができない、もういやだといって自己肯定感を下げ、その結果、非行や不登校などの二次障害を引き起こさないためにも、日頃から結果（テストやパフォーマンス）だけでなく、過程（関心・意欲・態度）への肯定的な着目は大切である。そのためには道徳に限らず、学習場面における教師の子供を見る目が試されている。

　たとえテストの結果が0点だったとしても、その意味は、誤答なのか、無回答なのか、問題理解不能だったのか、がんばって取り組んだけれども時間切れだったのかで、ずいぶんと異なる。中学生から高校生の年齢になってくると、教科に代表される学習などにおいて苦手なことを底上げするというよりは、苦手な面は代替手段を使えてでも「できた・分かった」を保障することが大切である。そのため、計算機、パソコン、タブレット端末、デジカメ、ICレコーダーな

どの使用は、合理的配慮の観点からも認められるべきであろう。ただし道徳的な理解や判断に関しては、そうした本人が用いることのできる補助代替手段にあたるものが容易に想定できないことも事実である。したがって道徳に関して言えば、本人のコミュニケーション能力の困難さに配慮し、比喩や表情の裏にある意味を察することを強いるような指示や関わり方を周囲の人たちはしない、社会のルールをソーシャルストーリーなどの本人の分かる形で伝える（水内・成田・島田，2017）、口頭での指示は減らし文字で端的に書いて伝える、などの社会の側が配慮する姿勢が大事となる。

　とはいえ、学校教育後の社会生活を見据えたときに、道徳的価値判断とともに基本的なソーシャルスキルは必要である。ものを大切にする、自分に非があるときには謝る、などの基本的なことは、成人してからの社会生活においてもずっと必要なことである。また、年齢や発達段階に応じた適切で肯定的な自己理解も大切である。これは単に自身の障害の診断名や定義を知ることではなく、自分の得意や苦手について「客観的に」理解する（できる）ことを意味する。その上で、分からないことは「分かりません」「もう一度言ってください」と言うことのできるスキルは、進学や就職時の面接や、仕事場面で他者と協調して仕事をする場面などにおいて、とても大切なことである。

　筆者が、道徳が教科化する以前から変わらず、道徳の指導に際して特に大切にすべきこととして考えていることは、①正解はひとつではない、ということ（過剰学習にしない）、②指導の方略においてはソーシャルストーリーやコミック会話のような手法を用いて自分と他者の心情を可視化するような支援ツールが有効であること、そして③結果の知識（Knowledge of Result）のフィードバックは単に正解・不正解ではなく、その理由をできるだけ分かりやすく具体的に解説すべきということである。成人の発達障害者の社会生活上の困りに寄り添う支援をしている筆者が読者の先生方にお願いしたいこととしては、「新時代を生きる力を育む」ためには、知識やスキルを知りそれを実行できるだけでなく、できる限り認知的問題解決の力―つまり道徳的な価値判断をする力―を、たとえ発達障害や知的障害があったとしても、学齢期の段階から意識的、継続的な指導によって、可能な限り高めていただきたい、ということである。簡単なことではないが、達成が主たる評価となりがちな他の教科に比して、道徳科にはその可能性が大きく、ぜひとも期待したい。

【引用・参考文献】

小島道生・池田由紀江（2004）知的障害者の自己理解に関する研究−自己叙述に基づく測定の試み−. 特殊教育学研究, 42（3）, 215-224.

水内豊和・中島育美（2012）発達障害児等の性教育に関する養護教諭の意識. 小児保健研究, 71（5）, 763-772.

水内豊和・成田泉（2015）広汎性発達障害者の対人トラブルに対する支援の一事例−自然な生活文脈を活用した他者視点取得の機会の創出から−. 富山大学人間発達科学研究実践総合センター紀要, 10, 91-95.

水内豊和・成田泉・島田明子（2017）自閉症スペクトラム障害のある成人に対する積極的な行動支援の一事例. LD研究, 26（1）, 72-79.

山西潤一・水内豊和・成田泉（2017）ソーシャルスキルトレーニングのためのICT活用ガイド. グレートインターナショナル.

第4章　**心理学からみた道徳教育**

松尾 直博（東京学芸大学教育学部 教授）

1．道徳性とその発達

　「小学校学習指導要領（平成29年告示）解説　特別の教科　道徳編」（文部科学省，2017b：20）には、「道徳性とは、人間としてよりよく生きようとする人格的特性であり、道徳教育は道徳性を構成する諸様相である道徳的判断力、道徳的心情、道徳的実践意欲と態度を養うことを求めている」と記されており、これが日本の学校教育における道徳性の定義ともいえる（本章で学習指導要領・学習指導要領解説を引用する場合は小学校を例として挙げているが、中学校の学習指導要領・学習指導要領解説にも同様の記述がある）。

　2017（平成29）年告示の小学校学習指導要領には「発達の段階を考慮して、適切な指導を行うこと」（文部科学省，2017a：17）と記されており、ある年齢（学年）では、児童生徒はこのような能力、特徴、行動のパターンを示しやすいということを考慮して、適切な指導方法を選び、実施することが求められている。また「小学校学習指導要領（平成29年告示）解説　特別の教科　道徳編」には、「多くの児童がその発達の段階に達するとされる年齢は目安として考えられるものであるが、児童一人一人は違う個性をもった個人であるため、それぞれ能力・適性、興味・関心、性格等の特性等は異なっていることにも意を用いる必要がある。」と記されている（文部科学省，2017b：10）。したがって、児童生徒の定型的な発達段階について理解しつつ、個人差が大きいことも考慮し、道徳教育を計画・実施していく必要がある。次節からは、道徳性の発達とそれを促す教育等について、心理学の観点から概説していく。

2．道徳的判断力

2-1．道徳的判断力と認知発達

　「小学校学習指導要領（平成29年告示）解説　特別の教科　道徳編」によると、道徳的判断力は、「それぞれの場面において善悪を判断する能力」、「人間として生きるために道徳的価値が大切なことを理解し、様々な状況下において人間としてどのように対処することが望まれるかを判断する力」とされている（文部科学省，2017b：20）。道徳的判断力は、心理学において認知発達の観点から研究されている。

2-2．他律的道徳性と自律的道徳性

　ジャン・ピアジェ（Jean Piaget）は、道徳性の発達が、「年長者への児童による一方的尊敬の態度、他律または拘束による社会的関係と神秘的なものとしての規則の受容で特徴づけられる段階（他律的道徳性）」から、「共同と相互尊敬の態度による社会的関係と相互の同意によって結合されるものとしての規則の受容で特徴づけられる段階（自律的道徳性）」への前進を見いだした（大西，1991：16）。善悪の判断について、親や教師の基準に従順で、規則についても絶対であり自分たちで変更することはできないと考える段階から、10歳頃を境に相互に信頼している相手との同意があれば規則を変えることができると考える段階へと移行する傾向が明らかにされている。

2-3．モラルジレンマと道徳性発達段階

　ローレンス・コールバーグ（Lawrence Kohlberg）は、道徳的価値の葛藤（モラルジレンマ）状況における判断について研究を行い、道徳性の生涯発達についての理論を構築した。コールバーグの研究で用いられたモラルジレンマ状況についての例話には、病気の妻を助けるために薬を盗むハインツを主人公とした「ハインツのジレンマ」というものがある（山岸，1991：65、表4-1）。研究協力者は、主人公はどうすべきか判断するように求められ、その判断の根拠を明らかにするような質問に答える。こうした研究から得られた結果を基に、表4-2の道徳性の発達段階が提唱されている。

表4-1　「ハインツのジレンマ」の例話

ハインツの妻がガンで死にかかっている。医者は「ある薬を飲めば助かるかもしれないが、それ以外に助かる方法はない」と言った。その薬は最近ある薬屋が発見したもので50ドルかけて作って、500ドルで売っている。ハインツはできる限りお金を借りてまわったが、半分しか集まらなかった。ハインツは薬屋にわけを話し、薬を安く売るか、または不足分は後で払うから250ドルで売ってくれるように頼んだ。でも薬屋は「私がその薬を発見した。私はそれを売って、お金をもうけようと思っているのだ」と言って頼みを聞かなかった。絶望したハインツは、その夜、妻を助けるために薬屋の倉庫に押入り、薬を盗んだ。

（山岸，1991：65より）

表4-2　コールバーグによる道徳性の発達段階

水　準	段階（ステージ）
Ⅰ　前慣習的水準	段階1：罰回避と従順志向 段階2：道具的互恵主義（自己本位志向）
Ⅱ　慣習的水準	段階3：他者への同調、良い子志向 段階4：法と秩序の維持志向
Ⅲ　慣習以後の自律的、 原理的水準	段階5：社会的契約、法律尊重、および個人の権利志向 段階6：普遍的な倫理的原則、良心または原理への志向

（渡辺，2000：151、荒木，2013：172を基に作成）

　発達段階は、3つの水準、6つの段階で構成されている。第1、第2段階は、罰を避けることや損得の観点から道徳性が判断される。第3、第4段階は、正しい役割を果たすこと、ルールや秩序を遵守することから道徳性が判断される。第5、第6段階は、役割や期待、現存するルールに縛られることなく、人間や社会にとっての本質的な権利、義務、幸福、正義などに焦

点を当て道徳性が判断される。荒木（2013：173-174）は、小学生は全体的に前慣習的水準が多く、中学生になると少しずつ慣習的水準、慣習以降の水準へ移行すると考察している。コールバーグは、道徳性の発達を促すために、①認知的葛藤（均衡化の経験）と②社会的・環境的要因（役割取得の機会の提供と道徳的環境）の２つを重視している（山岸，1991：71-73）。

２- ４．道徳的直観

　ジョナサン・ハイト（Jonathan Haidt）は、道徳的判断において道徳的直観を重視する理論を提唱した（Haidt, 2001）。多くの場合、道徳的判断は高度な推論能力を要する思慮深い、論理的な思考ではなく、瞬時の自動的な評価（直観）によって決定されるという考え方である。この理論において、道徳的判断は個人の推論能力よりも、社会や文化の要因、情動など生物学的な要因に強く規定されると考えられている。高度な道徳的推論能力を有している人が必ずしも道徳的行為を実行せず、時には非道徳・反道徳的行為を実行し、一方で高度な道徳的推論能力を有していない人が瞬時に道徳的行為を実行できるのは、道徳的直観による判断が関係しているからだと考えられている。

３．道徳的心情

３- １．道徳的心情と道徳的感情の発達

　「小学校学習指導要領（平成29年告示）解説　特別の教科　道徳編」によると、道徳的心情は、「道徳的価値の大切さを感じ取り、善を行うことを喜び、悪を憎む感情のことである。」、「道徳的行為への動機として強く作用するものである」とされている（文部科学省，2017b：20）。心理学においては、道徳的感情として研究が行われている。

３- ２．共感性の発達

　マーチン・L・ホフマン（Martin, L. Hoffman）は、情緒的共感性の一つである「共感的苦痛」に焦点を当て、その発達について研究をしている。共感的苦痛は、援助行動等の道徳的行為を引き起こす強い動機であると考えられている。ホフマン（2001：71-97）は、共感的苦痛の発達について、①新生児の反応的泣き（他の赤ん坊が泣くと自分も泣き始める：新生児期）、②自己中心的な共感的苦痛（苦痛を感じている他者を悲しそうに見つめるが、援助ではなく自分が穏やかになる対処をする：乳児期）、③擬似的な自己中心的な共感的苦痛（苦痛を感じている他者への援助をするが、必ずしも効果的ではない：乳児期～幼児期）、④本当の共感的苦痛（他者の苦痛の原因や結果、個人の事情などを理解し援助を行う：幼児期～成人期）、⑤その場の状況を離れた他人の経験についての共感（その場の直接的な状況を越えて、他者や集団の慢性的な生活経験・生活状況（疾病・困窮など）への共感：幼児期～成人期）という５つの段階を設定している。

３- ３．罪悪感の発達

　罪悪感は、「何らかの過ちを犯したこと（または、考えたこと）への苦しみ、そして、その苦しみを解消または和らげるための行為を行いたいと感じていることを特徴とする自己意識的情

動」（ファンデンボス, 2013）と定義される、重要な道徳的感情である。罪悪感は、悪い行為の検知、抑制、償い、謝罪などの道徳的行為の促進につながると考えられている。長谷川真里（Hasegawa, 2018）等の研究より、幼児期から児童期にかけて、何らかの過ちを犯したことへの苦しみ（悲しみ）という罪悪感の理解の発達が起こると考えられている。

3-4．役割取得能力の発達

　役割取得能力とは、「相手の立場に立って心情を推し量り、自分の考えや気持ちと同等に他者の考えや気持ちを受け入れ、調整し、対人交渉に活かす能力」（荒木, 1992：176）と定義される。ロバート・L・セルマン（Robert, L. Selman）は、役割取得（社会的視点取得）の発達段階について研究を行い、表4-3のようにまとめている。幼児期の自他の区別が難しい段階から、小学校入学の頃から自他の視点を区別できるようになり、中学校の入学の頃にはさらに自他の視点や相互作用を第三者の立場から互いに調整し考慮できるようになる段階を経て、高校入学の頃には多様な視点が存在する状況で、自分自身の視点を理解できる段階へと発達していくと考えられている（渡辺, 2000：155 より）。

表4-3　セルマンの役割取得の発達段階

レベル0：自己中心的役割取得（3－5歳）
　　　自分の視点と他者の視点を区別することがむずかしい。同時に、他者の身体的特性を心理面と区別することがむずかしい。同じ状況でも、自分の見方と他者の見方が必ずしも同じでないことがあることに気づかない。

レベル1：主観的役割取得（6－7歳）
　　　自分の視点と他者の視点を区別して理解するが同時に双方を関連づけることができない。また、他者の意図と行動を区別して考えられるようになることから、行動が意図的かそうでないかを考慮するようにもなる。ただし、「他者が笑っていれば幸せだ」といった表面的な行動から感情を判断するところがある。

レベル2：二人称相応的役割取得（8－11歳）
　　　他者の視点に立って、自分の思考や行動について内省できる。したがって、他者もそうすることができることがわかる。また、外見と自分だけが知る現実の自分という2つの層が存在することを理解し、社会的な交渉もそうした2層性で営まれているために、人の内省を正しく理解するのは限界があることを認識できるようになる。

レベル3：三人称相互的役割取得（12－14歳）
　　　自分と他者の視点の外、すなわち、第三者的視点をとることができるようになる。したがって、自分と他者の観点の外から、自分と他者の視点や相互作用をお互いに調節し、考慮することができるようになる。

レベル4：一般化された他者としての役割取得段階（15－18歳）
　　　多様な視点が存在する状況で自分自身の視点を理解する。人のなかにある無意識の世界を理解する。互いの主観的視点がより深い、象徴的レベルで存在するものと概念化しているため、「言わなくても明らかな」といった深いところで共有された意味を認識する。

（出所：渡辺, 2000：155）

4．道徳的実践意欲と態度

4-1．道徳的実践意欲と態度、道徳的行動の発達

　「小学校学習指導要領（平成29年告示）解説　特別の教科　道徳編」によると、道徳的実践意欲と態度は、「道徳的判断力や道徳的心情によって価値があるとされた行動をとろうとする傾

向性を意味する」とし、「道徳的実践意欲」を「意思の働き」、「道徳的態度」を「具体的な道徳的行為への身構え」としている（文部科学省，2017b：20）。これらは、心理学においては道徳的行動とその実行過程（動機づけを含む）についての研究が関係している。

4-2．向社会的行動の発達

　向社会的行動は、「援助行動や、分与行動、他人を慰める行動といった他者に利益となるようなことを意図してなされる自発的な行動」と定義される（アイゼンバーグ，1995：4）。向社会的道徳判断（理由づけ）は、年齢とともに愛他的になるが、必ずしも年齢が高い子供が愛他的行動、価値があると考える行動をとるとは限らないことが明らかになっている（アイゼンバーグ，1995：39）。向社会的行動の発達を促すには、適切なしつけ、向社会的行動を実行する機会の提供、向社会的行動や視点取得、共感性、同情心を奨励し、大人が向社会的行動のモデルとなること等が重要であると考えられている。

4-3．モデリングと道徳的行動の実行過程

　アルバート・バンデューラ（Albert Bandura）は、「行動、認知、感情状態の変化は、他者の行動を観察することによって生じるという考え方」である「モデリング理論」を提唱した（ファンデンボス，2013）。バンデューラは、モデリングを次の4つの下位過程に分けて考えた。第1段階の「注意過程」は、モデル（手本）となる人の行動に注意を向ける過程である。第2段階の「保持過程」は、注意を向けたモデルの行動を観察者の行動レパートリーに組み込み、習得して保持する過程である。第3段階の「運動再生過程」は、保持過程に蓄えられた象徴的表象を実際の行動に変換する過程である。第4段階の「動機づけ過程」は、観察者にとって価値ある行動と判断して実行を動機づける過程である。モデリング理論では、行動の「習得」と「遂行」は区別されており、行動をレパートリーとして習得していても、価値あるものとして動機づけられないと現実場面で遂行されない（祐宗・原野・柏木・春木，2019：14-22）。また、モデリングは現実場面で他者の行動を観察するだけではなく、メディア（テレビ、ゲーム、マンガ、インターネットの動画等）を観察することによっても生じる。

【引用・参考文献】
アイゼンバーグ，N.（著）二宮克美・首藤敏元・宗方比佐子（訳）（1995）思いやりのある子供たち−向社会的行動の発達心理. 北大路書房
荒木紀幸（1992）役割取得理論−セルマン（Selman, R.L.）. 日本道徳性心理学研究会（編著）道徳性心理学−道徳教育のための心理学. 北大路書房
荒木紀幸（2013）モラルジレンマ教材でする白熱討論の道徳授業 中学校・高等学校編. 明治図書出版
大西文行（1991）道徳性発達理論. 大西文行（編）道徳性と規範意識の発達. 金子書房
祐宗省三・原野広太郎・柏木惠子・春木豊（編）（2019）新装版 社会的学習理論の新展開. 金子書房
ファンデンボス，G.R.（監修）繁枡算男・四本裕子（監訳）（2013）APA心理学大事典. 培風館
ホフマン・L・マーチン（著）菊地章夫・二宮克美（訳）（2001）共感と道徳性の発達心理学−思いやりと正義とのかかわりで. 川島書店
文部科学省（2017a）小学校学習指導要領（平成29年告示）
文部科学省（2017b）小学校学習指導要領（平成29年告示）解説　特別の教科 道徳編
山岸明子（1991）道徳的認知の発達. 大西文行（編）道徳性と規範意識の発達. 金子書房
渡辺弥生（2000）道徳性の発達. 堀野緑・濱口佳和・宮下一博（編）子供のパーソナリティと社会性の発達. 北大路書房
Haidt, J.（2001）The Emotional Dog and Its Rational Tail: A Social Intuitionist Approach to Moral Judgment. Psychological Review, 108（4），pp.814-834.
Hasegawa Mari（2018）Developing Moral Emotion Attributions in Happy Victimizer Task: Role of Victim Information. Japanese Psychological Research, 60（1），pp.38-46.

第2部

実践事例編

…　実践事例を読むにあたって　…

　ここから第2部実践事例編が始まります。本書では知的障害特別支援学校を中心とした特別支援学校における実践事例が16例（小学部4例、中学部7例、高等部5例）、知的・発達障害の児童生徒を対象とした特別支援学級における実践事例が6例（小学校4例、中学校1例、大学相談室1例）掲載されています。

　実践事例は校種別、学部別に掲載されていますので、関心のある事例から読んでいただければと思います。また、「特別の教科」である道徳科として実践した事例だけではなく、生活単元学習や特別活動の中で取り組んだ実践事例についても掲載しています。児童生徒の実態によっては、道徳科として計画的に授業をすることが効果的なことがあると思います。また、学校として、教育活動全体を通じて道徳教育を行うことをとりわけ重視する場合もあるかと思います。そういった様々な子供たちや学校のニーズに少しでもお応えできるように、幅広く実践事例を収集しました。

　各実践事例には、題材や対象とする児童生徒、ねらいや指導計画、授業の展開についてだけではなく、指導の工夫のポイントとその解説、実践の成果と課題についても書かれています。先生方が実際に行った指導の工夫は、「考えや気持ちの代弁的・翻訳的支援」「生活と密接に関わった題材選び」「視覚的支援」「他の学習活動と関連させ、継続して道徳指導を行う」など、知的障害の障害特性に配慮したものが多く見受けられます。対象とする児童生徒の実態が異なれば、ねらいや指導計画、授業の展開、教材などが異なるのは当然のことですが、指導の工夫についてはその意味するところを深く理解することによって、皆さんの日々の授業に活用できる部分が多分にあるのではないかと考えます。さらに、各実践事例には成果とともに課題についても記載していただいています。授業者がどんなにうまくいったと感じる授業においても、必ず課題はあるものです。課題に目を向け、それを的確に分析し把握することは容易なことではないのですが、今回は先生方に真摯に課題に向き合っていただきました。このような過程を経て生み出された課題は、事例を読む皆さんにとっても有益なものとなるはずです。

　道徳教育はこれまでの指導の在り方を見直し、今回の教科化を契機として新たに生まれ変わろうとしています。新たな指導法を拓くのはむしろ、多様な実態の児童生徒を対象とする特別支援教育における実践なのかもしれません。本書に掲載された22の実践を参考にしていただき、ぜひ道徳教育の可能性を広げていってほしいと願っています。

（齋藤　大地）

第1章

特別支援学校

- ●小学部　4例
- ●中学部　7例
- ●高等部　5例

事例1　道徳科　　　　　　　　　特別支援学校　小学部

みんなとなかよく

林田 一好・嶋村 武（熊本県立荒尾支援学校）

主として扱う内容項目／関連する内容項目

　本授業では、主として小学校学習指導要領におけるC［主として集団や社会との関わりに関すること］の［公正、公平、社会正義］（誰に対しても差別をすることや偏見をもつことなく、公正、公平な態度で接し、正義の実現に努めること。）を扱うこととした。

1. 題材について

　小学部における「特別の教科　道徳」（以下、道徳）の授業は、年間15時間学級単位で行っている。教育課程における学級単位での活動は、日常生活の指導、学級活動、道徳で、その他の各教科別の指導、各教科等合わせた指導、自立活動については、児童の実態と学習段階を基にグループ編成を行い学習に取り組んでいる。

　本学級の学級目標は、「仲良く・たのしく・ジャンプ」である。学級の児童は素直で陽気な子供が多い。日常生活の中では、親しい仲間や身近な人に対しては優しく親切に接することができるが、そうでない人に対してや普段と異なる場面などでは、なかなか行動に移せなかったり、時には相手の気持ちに気付かなかったりすることがある。そこで、［親切、思いやり］［友情、信頼］等の価値にも触れながら、公正公平に接する態度を育てたいと考えた。

　本題材は、児童の知的障害の状態、生活年齢、学習状況及び学びの経験等を考慮しながら、公正、公平に関する内容を取り扱う。公正、公平な態度とは、偏ったものの見方や考え方をせず、誰に対しても分け隔てなく接することである。学級での集団生活を通して様々な活動に取り組む上で、集団のルールを守りながら相手のことを思いやる言動は大切である。また、本題材のサルやライオンの物語の内容から、人を差別しない心や親切な行為で接する態度も求められる。そこで、基盤となる思いやりの心や友情の大切さに気付かせながら本題材の学習を深め、みんなと仲良く過ごし、誰に対しても公正、公平に接する態度を育むことを目指し、学級の人権スローガンづくりへと繋げた。

2. 対象とする児童の実態

・小学部5年生の児童6名
・在籍する児童全員に知的障害があり、自閉スペクトラム症を併せ有する児童が2名在籍。障害の程度や学習段階にも差がある。

・積極的に友達と関わることができる児童を中心に子供同士のやりとりは活発で、自分の気持ちや考えを積極的に伝えようとするなど賑やかな学級である。

・どの児童もコミュニケーションに課題があり、環境の変化や学習内容によって自分の気持ちをコントロールして表現することができなくなることがあり、トラブルに発展することもある。

3．ねらい／目標

○誰に対しても分け隔てなく公正公平に接しようとする心情や態度を養う。

4．指導計画

時期	時間数	学習活動	指導内容
6/15 （本時）	1h	・3匹の動物の物語を聞く。 ・それぞれの動物の気持ちを考える。 ・小グループの中で自分の気持ちや感想を伝え合う。	・視覚的教材を提示しながら内容を説明する。 ・異なる立場による気持ちの違いに気付かせる。 ・力を合わせることや伝え合うことの大切さに気付かせる。
6/18	1h	・前回の学習内容の振り返り。 ・伝えたい相手に伝えたい内容を考える。 ・伝えたいことを手紙にする。	・前回の学習のポイントを思い出させる。 ・文字やイラストのシートから、伝えたいことばを選択させる。 ・書いた手紙を発表する場面を設ける。

5．授業の展開

	学習活動	主な発問と予想される児童の反応	指導上の留意点	教材・教具
導入	○始めの挨拶をする。 ○本時の学習内容と学習のめあてを知る。	○「背筋を伸ばしましょう」 ○「今日は3匹の動物たちのお話をします。動物の動きをやってみよう」 ・どんなお話かな？ ○「"友達と仲良くなるためにはどうすればいいか"について学習します」	○日直に号令を促す。 ○一人一人の児童が、登場する動物や物語の内容を想起できるように、動物の動きを真似てみたり教具で雰囲気づくりをしたりして、ねらいとする価値への方向付けをする。	ホワイトボード PC TVモニター うさぎ・サル・ライオンのペープサート
展開	○物語のスライドを見ながら解説を聞く。 ○動物たちの物語の内容を知り、それぞれの立場に立って気持ちを考える。 ○小グループになって登場する動物の立場や気持ちを考え、伝	○「どうすれば、みんな仲良くなれるのかな」 ・やさしくしよう ・一緒にあそぼう ○「サルとライオンの様子を見ていたうさぎの気持ちを考えてみましょう」 ＊サル（いじめられる側） ＊ライオン（いじめる側） ＊うさぎ（同じ学級の仲間） ・おサルさん大丈夫かな ・なんとかしてあげたいな ○「うさぎになったつもりで、どう行動すればよいか話し合いましょう」	○登場する動物のキャラクターへの興味関心が高まるようにペープサートを使って物語の解説にそって動かす。 ○サルとライオンの関係を見て何とかしたいという気持ちの高まりを感じ取ることができるように感情を込めて演技する。 ○伝えたい相手によって、2つのグループに分かれるように指示する。 ○少人数で話し合う。感情表現等のイラストシートを用意し、自分の気持ちを指さしで伝えられ	ホワイトボード PC TVモニター ペープサート 感情表現等のイラストシート

	児童の活動	主な発問と予想される反応	指導上の留意点	準備・資料
展開	え合う。	*サルに対して ・大丈夫? ・元気出して ○「サルはどんな気持ちだっただろう」 *ライオンに対して ・ダメだよ、仲良くしよう ・優しくして ○「ライオンはどんな気持ちだっただろう」 ・オレはつよいぞ ・やりすぎたかな	るように支援する。 ○児童の意見はホワイトボードに書き込む。 ○打ちひしがれた時の思いを感じ取れるように促す。 ○常に強い気持ちがあるわけではなく、弱い気持ちもあることに気付くことができるよう促す。 ○助けようか逃げようか、迷う気持ちの心の揺れを感じ取れるよう言葉掛けを工夫する。	
まとめ	○各グループで話合われたことを伝え合う。 ○学習を振り返る。（教師の話を聞く） ○自己評価をする。 ○終わりの挨拶をする。	○「サルとライオンが仲良くなれるように伝えましょう」 ・仲良くしようね ・許さない ・これからは相手の気持ちを考えて行動しよう ○「それぞれの立場の動物の気持ちを考えて、これから仲良くできそうですか」 ・仲良くできるようにがんばろう ○授業を振り返り感想を発表する。 ○「背筋を伸ばしましょう」	○大変な状況の中でも、みんなで力を合わせることの大切さに気付くことができるように着目させる。 ○これまでの自分を振り返らせ、新たな行動に向けた新たな気持ちが高まるようにする。 ○日直に号令を促す。	ホワイトボード PC TV モニター 感情表現等のイラストシート

6．指導の工夫

（1）導入～ねらいの明確化と学習の方向付け～

　導入では、学級の児童の実態を踏まえ、視覚情報と具体物の教材を補助教材として使用しながら、物語の内容について想起しやすい雰囲気を高めた。また、登場するキャラクターを情感豊かに表現することで、ねらいとする価値への方向付けをした。

（2）展開～共感を促す～

　展開では、物語文は各教科等の時間での児童の学習の実態を踏まえ、『わたしたちの道徳』の「うさぎさんだったら、どうするでしょう」を参考に、できるだけ短い文章で分かりやすい物語になるようにした（図1）。その上で、動物の物語を題材に内容を深め、3匹の動物（うさぎ、サル、ライオン）のペープサート（図2）を使用し具体化することで、それぞれの立場による心の動きに児童が共感できるようにした。また、うさぎの立場から他の2匹の関係を見つめ、自分の気持ちに気付くようにした。

　また、学習指導過程を、 話を聞く → 話を見る → 自分の意見や感想を伝える → 意見を共有する → ふりかえる とした。苦手意識のある「話す」や「話し合う」は、できるだけ見て分かるように、感情表現等のイラストシート（図3）を用意し、その中から選択できるようにし、出された意見はホワイトボードに書き出したり、見て確認したりすることで、全員で共有できるようにした。

ここは、ARA・SHIどうぶつ学校
わたしは、うさぎ
おサルさんと ライオンくんは、おなじ学級のお友達
あれ・・
おサルさんが、泣いている
おサルさん どうしたのかな・・声をかけようかな・・
すると、ライオンくんがきて・・
『おい、うさぎ! サルを なかまはずれにしよう!
サルと あそぶなよ! おいらと あそぼう!』
と 言ってきました
さて
うさぎさんは、どうすればいいのかな?
どうすれば　みんな　仲良く　なれるかな?

図1　使用した物語文

図2　ペープサート

一緒に遊ぼう	元気になってね	仲なおりしたいな
うれしいな	たのしいな	わくわくする

図3　感情表現等イラストシート（一部抜粋）

（3）まとめ〜自分の気持ちを自由に表現するために〜

　コミュニケーションに課題のある児童にとって、自分の気持ちや感想を落ち着いて表現するためには、学級全体が自分を受けとめてくれていると感じられる安心感のある雰囲気づくりが大切である。本題材に限らず、道徳の授業全体を通してグループ学習を取り入れ、他の児童の気持ちや感想を伝え合い、互いに関わり合う力を育み高めていくことを目指している。

（4）教材の工夫

　本学級の児童は、自分の感じたことや考えを積極的に伝えようとする様子がある。しかし、一方で友達の言葉や話の意図を十分理解したり、相手の気持ちに思いを寄せたりすることに課題があり、目の前で起こった状況を誤って解釈することもあるため、相手の立場に立ってその気持ちを感じ、さらには考える経験を積み重ねていくことが大切だと考えている。したがって、それぞれの立場を理解し、同じ視点で感じられるように、題材や教材の工夫を図っている。

　図3のように、様々な感情や考えを可視化してイラストシートの中から選択できるようにした。また、資料の挿絵を基に、学級の児童の実態を踏まえ、より分かりやすくするために、伝えたい情報を絞ってパワーポイントのスライド資料を作成し提示した（図4）。

図4　物語スライド

7.　実践を振り返って（成果と課題）

　本授業では、学級の児童が好きな動物を題材に選んだが、導入時に、登場する動物の動きを動作化したことで、物語の動物になりきって考える下地作りができた。また、うちわで作ったペープサート（図2）は、表と裏にライオンの「怒った顔」と「笑顔」、サルの「泣いた顔」と「笑顔」を貼っておくことで、動物の2面の気持ちを提示しながら、児童の意見を引き出すことができた（表1）。また、本授業での学習後、「仲良く」

図5　授業の導入場面

「やさしく」などの発言や児童のつぶやきが聞かれるようになった。児童間でトラブルが起きたときなど、本授業で学習したことを振り返りながら、どうすればいいか一緒に考えるようにすることで理解を促しやすくなった。

　感情や気持ちの表出に課題がある児童に対しては、用意した選択肢が限られてしまうことが多かった。経験の少なさなど様々な要因が考えられるが、体験的な活動の工夫を図っていくことで、より深い学びを追求していきたい。

表1　児童の意見一覧

名前	6／15（第1時）		6／18（第2時）	
	サルやライオンに公平公正に接し、言葉や身振りで相手に伝える		公正公平な態度で、サルやライオンに手紙を書く	
	言葉、つぶやき、身振りなど		手紙の内容	
男子A	サル	「いっしょにプレゼントをあげたい」	欠席	
男子B	欠席		欠席	
男子C	サル	ライオン→「×」を手で表現 サルが涙を流す絵を指さし、「（教師が）泣いているね」と尋ねると、泣いているジェスチャーをする	欠席	
男子D	サル	「仲良くしようね」「げんきになってね」	ライオン	いっしょにあそぼうね。いじわるしたらだめだよ。
女子A	ライオン	「いやだ（いじめはイヤ）」 「一緒に遊ぼう？（教師問い）」→「はい」	ライオン	いじめたらだめだよ。
男子E	ライオン	「いっしょに仲良くしよう」、「いじわるだめ仲良くしよう」	サル	いっしょに仲良くしよう。

事例2　道徳科	特別支援学校　小学部

きをつけてすごそう

桑田　明奈（茨城大学教育学部附属特別支援学校）

主として扱う内容項目／関連する内容項目

　本授業では、主として小学校学習指導要領におけるC［主として集団や社会との関わりに関すること］の［規則の尊重］（約束やきまりを守り、みんなが使う物を大切にすること。）を扱うこととした。

1. 題材について

　「道徳」の授業は、教師と児童及び児童相互の人間関係を深めるとともに、体験的活動など豊かな経験を通して、児童の実態や経験に応じた基本的生活習慣、社会生活上のきまりを身に付けることをねらいとして、本校では原則週1回行っている。学級を中心として学習するが、必要に応じて実態に応じたグループを編成して活動に取り組んでいる。

　小学部に入学して半年余りが経った1年生は、学校での集団生活に少しずつ慣れ、自分なりの楽しみを見つけたり身近な教師との信頼関係を築いたりしている。3名という小さな集団の中で少しずつお互いの存在を意識し始めており、教室移動の際「行こう」と自分から友達を誘ったり、友達の真似をして行動したりする場面が見られる。しかし、友達のことよりも自分のやりたい気持ちを優先して、事前の約束事を守ることができない場面もある。このような実態の児童に対し、約束を守って行動することで、自分も周りの人も楽しく過ごせることに気付けるような学習を取り入れることは、集団生活を送る上での基本的な態度を養うために必要なことであると考えた。

　そこで、児童が経験したことがある行事やイメージしやすい日常生活の中で、約束を守っている場面とそうでない場面を設定し、そのときの気持ちや適切な行動について考えられるようにした。お互いが約束を守ることで、自分と周りの人が安心して気持ちよく過ごすことができることに気付き、日常生活の中で生かしていくことができるのではないかと考え、本題材を設定した。

2. 対象とする児童の実態

・小学部1年生の児童3名
・自閉スペクトラム症、知的障害を伴う先天異常症候群の児童で構成されている。
・1名は、教師と簡単な会話をすることができる。2名は、自分のやりたいことを単語で伝えた

り身振りで表現したりすることができる。3名とも、自分の意に反するときに、集団から離脱したり大きな声を出したりして気持ちを表現することがある。

・一列に並んで歩く、順番を守って遊ぶなどの簡単な約束を理解することができる。しかし、一列になって歩き始めると先頭になりたくて友達を抜かしてしまう、遊具で遊ぶ際に遊びたい気持ちが高まって順番を守れないなど、約束を理解しているが守れないという場面がある。

・学校にある本やおもちゃ、授業で使う教材教具に興味をもち、積極的に活動に取り組むことができるが、物を大切に扱おうとする意識はまだ低い。

3. ねらい／目標

○約束を守ることで、周りの人と気持ちよく安心して過ごせるということが分かる。

○安全に気を付け、物を大切にすることが、友達と気持ちよく過ごすことに繋がることを知る。

4. 指導計画

時期	時間数	学習活動	指導内容
10/21	1h	○自分だったらどうするか、周りの人はどんな気持ちになるか考える。 ・友達から挨拶されたとき ・一列になって歩く場面 ・順番に手を洗う場面	・適切な行動（例：挨拶を返している、一列になって歩いている等）と不適切な行動（例：挨拶を返さない、列から外れて歩く等）を見て、○×カードや?カードを出す。 ・適切な行動について考える。
11/ 2 （本時）	1h	○自分だったらどうするか、周りの人はどんな気持ちになるか考える。 ・バスに乗っている時 ・一列になって歩く場面 ・公共の物を使う場面 ・順番に遊ぶ場面	・適切な行動（例：静かにバスに乗っている等）と不適切な行動（例：バスの中で、大きな声を出している、跳んで床を踏み鳴らしている等）を見て、○×カードや?カードを出す。 ・適切な行動について考える。

5. 授業の展開

学習活動	指導内容	指導上の留意点
○始まりの曲を聞く。	○始まりの曲を聞きながら、とんがりやどかりちゃん（本校オリジナルキャラクター）を迎える。	○曲を流すことで道徳の授業が始まることを意識することができるようにする。
○始めの挨拶をする。	○姿勢を正し挨拶をする。	○パペットを使って話すことで楽しい雰囲気をつくり、学習内容に気持ちを向けることができるようにする。
○本時の学習内容を知る。	○本時の学習内容、カードの使い方について知る。 ・物語を聞きながら、自分だったらどうするか、周りの人はどんな気持ちになるか考える。 ・正しいと思うときには○カード、間違っていると思うときには×カード、変だなと思うときには?カードを出す。	○パワーポイントを用いて授業を進めることで、児童が注目しやすくする。 ○カードの使い方について手本を示すことで、物語の内容に注目し積極的に活動に参加することができるようにする。 ○児童がイメージしやすい日常生活の場面、行事での場面などを取り入れた架空の物語を話すことで、客観的に行動を見て考えることができるようにする。

| ○物語を聞く。 | ○「みんなが楽しい校外学習」にするためにはどうすればよいか考える。
・みんなで仲良くしたい。
・けがをしないように気を付ける。

○「今日は校外学習!～やどかり公園へ行こう～」
(1)「バスに乗って出発進行!」
・大きな声を出す子供
・跳んで床を踏み鳴らす子供
・静かに座っている子供
(2)「公園に到着!とんがり丘まで一列で歩こう」
・列から外れて別の方向へ行く子供
・友達を抜かして前に行く子供
・一列になって歩く子供
(3)「公園はみんなのものです。大切に使いましょう」
・おもちゃを壊しながら遊ぶ子供
・フェンスを登る子供
・花壇の花を切る人
・仲良く遊んでいる子供
(4)「順番に遊びましょう」
・すべり台の列に割り込む子供
・列の最後尾に並ぶ子供 | ○物語を話す前に「みんなが楽しい校外学習」というキーワードを伝えることで、自分だけが楽しいのではなく、みんなが楽しくなるために、ということを考えることができるようにする。
○アニメーションを用いて提示することで、イラストの登場や動きから行動の内容に注目しやすくする。
○カードが挙がった際に、どこが良い（悪い）と思ったか、周りの人はどんな気持ちになるか質問することで、適切な行動や周りの人の気持ちの変化について考えることができるようにする。
○ロールプレイをしたり学校生活における実際の場面を思い出せるような言葉掛けをしたりすることで、適切な行動について自分で考えることができるようにする。
○約束を守れたときや、物を大切にする行動がとれたときの自分の気持ちや周りの人の気持ち（守れなかったとき、物を粗末に扱ったときも同様）を考えることで、約束を守り、物を大切にして生活すると、周りの人と一緒に物事を楽しめるということや、みんなが安全に楽しく過ごせるということに気付くことができるようにする。 |
| ○学習内容を振り返る。

○終わりの挨拶をする。 | ○「自分だけ楽しい」よりも「みんなで楽しい」方が楽しいということを確認する。
○物語の中で適切な行動をしていた場面を振り返る。
○気を付けること、考えて行動することを確認する。
・安全に楽しく過すために
・目の前の友達も次に使う友達も楽しく使えるように | ○物語の中の行動やそのときの気持ちを振り返ることで、適切な行動をすることがみんなで楽しく過ごすことにつながるということを確認できるようにする。
○物語の中で、適切な行動や約束について理解していた場面、また学校生活で実際にできていた場面を取り上げて称賛することで、児童が約束を守ることを意識できるようにする。 |

6．指導の工夫

（1）生活場面を切り取って

　小学部1年生の3名は、学校生活の中で約束を守れなかったときに、気持ちが高揚していたり、意地を張ったりして、教師の話を素直に聞くことができない、正しいと分かっていても行動に移せない、ということが多い。分かっていること、適切であると理解していることを、実際の場面で行動に移せない児童の実態から、児童が経験したことのある活動場面をイラストで提示され、その行動を客観的に見ることで、場面の様子をイメージし、適切な対応について自分で考えることができるのではないか、そして実際の生活に生かすことができるのではないかと考えた。

　また、児童の手元にカード（図1）を準備することで、児童が適切（不適切）な行動に気付いたときすぐに発言できるようにした。そして、児童の「分かった！」という気付きや、「伝えたい！」という気持ちに寄り添い、即座に反応し、やりとりに発展させることで、本時のねらいに迫る場面を多く設けたいと考えた。

図1　カード（○、×、？）

（2）身近な行事と関連させて

　本題材は、第一時は運動会、第二時は校外学習と、身近な行事をテーマに物語を作成した。どちらの行事も児童にとって一大イベントであり、楽しいイメージをもっている。小学部1年生の3名にとって校外学習は未経験だったが、本時の数日後にある今年度初の校外学習に向けて事前学習を進めており、児童はとても楽しみにしていた。ポジティブなイメージをもつ行事をテーマにすることで、「楽しくしたい！」という気持ちがより生まれるのではないかと考えた。

（3）キャラクターと一緒に

　本題材に限らず、小学部1年生の道徳の授業ではパペットを活用している。本校のオリジナルキャラクター「とんがりやどかりちゃん」（図2）のパペット（図3）が授業の最初に登場して、終わりの挨拶まで一緒に学習に参加するという設定である。

　道徳の授業はその内容の特性上、児童が自分の日頃の言動に向き合い考えることが多く、小学部1年生にとって楽しい場面だけではなく、ばつが悪くなる場面、心が痛くなる場面がある。授業自体にネガティブなイメージをもってほしくないということ、教師から正しいことを教えられるというイメージではなく、自分たちで気付き考えるイメージをもってほしいということから、「とんがりやどかりちゃんと一緒に考える授業」という設定にしている。

　児童は、キャラクターとやりとりすることで話に注目したり、キャラクターが感じた気持ちをもとに適切な行動を考えようとしたりしている。

図2　本校オリジナルキャラクター
「とんがりやどかりちゃん」

図3　道徳で使用するパペット

7．実践を振り返って（成果と課題）

　本題材は、約束やきまりを守る意識を育てることをねらいとして授業づくりをした。一列になって歩く子供のアニメーションを見た後で、実際に自分たちが一列になって歩くと、普段は友達を抜かしてしまう児童が列を意識して歩くことができた。イメージしやすい場面を取り上げ、その場で実践することで、児童が約束を理解し守ろうとする意識をもつことができたのだと感じた。授業や日常生活の中で約束を守ることができた成功体験を積むことは、約束やきまりを守る意識を育てることにつながると考える。

　本時では、校外学習に関連して公共の場での行動について考えた。未経験の小学部1年生にとっては、前時よりはイメージしづらい内容だったが、前時の学習内容と似た場面を設けることで、児童が考えてカードを出す場面、意見を言う場面が増えた。活動内容としては、教師がロールプレイして場面を再現することはあったが、児童がロールプレイしたり実際に約束をして遊んだりする機会を設けることができず、考えて伝える活動のみになってしまった。後日予定している校外学習では、公共の場で活動することができるので、道徳で考えたことを思い出せるような働き掛けをして、実際の場面に生かせるようにしていきたい。

　また、「規則の尊重」の指導の要点にある「みんなが使う物を大切にすること」については、児童が自分から意識することはまだ難しい。今後の授業の中で工夫して取り上げていきたい。

図4　パペットを使用しながらの進行

図5　児童が気付きを表現するカード

図6　学習内容のロールプレイ

事例3　道徳科

特別支援学校　小学部

じぶんとともだち

日置 節子・亀村 尚希（大阪府立寝屋川支援学校）

主として扱う内容項目／関連する内容項目

　本授業では、主として小学校学習指導要領におけるＡ［主として自分自身に関すること］の［個性の伸長］（自分の特徴に気付くこと。）及び、Ｂ［主として人との関わりに関すること］の［友情、信頼］（友達と仲よくし、助け合うこと。）を扱うこととした。

1. 題材について

　本時の題材は、１年生の児童にとって最も身近と思われる事柄の中から選択している。自分に関わる事柄として①「自分のよさを知ること」、友達に関わる事柄として②「友達のよさを知ること」と③「友達と仲よくすること」である。

　入学から数カ月が過ぎる頃になると、１年生の児童たちは学校生活に慣れ、好きなことを見つけて楽しんだり、役割を理解して積極的に取り組んだり、自分らしく行動する姿が見られるようになった。また、友達との関わりが深まり、互いに影響し合いながら課題をやり遂げ、休み時間には楽しそうに遊ぶ様子も見られた。しかし、教師が児童たちの変化を強く感じていても、児童たちは、自分の変化や姿を客観視したり、それらを友達から認めてもらったり、また、友達と一緒にいられることのよさを考え直したりする機会をなかなかもてない現状があった。そこで道徳科単独の授業の中で、これらの題材を取り上げることにした。

　上記の①②にあたる「きらり１ねんせい」では、教師が撮影した動画を見ることで自分のよさや長所を実感することや、友達の動画を見て友達への理解を深めることをねらいとし、自分や友達のよさに深く気付かせたいと考えた。上記の③にあたる「ともだちとなかよくしよう」では、友達と一緒にいることのよさや楽しさを、同じく自分が写った動画や実体験を通してより深く感じることをねらいとし、友達を大切に思う気持ちを育みたいと考えた。

2. 対象とする児童の実態

・小学部１年生の児童10名（２クラス合同）

・知的障害、自閉スペクトラム症、ダウン症等　幅広い発達段階の児童

・１学年の全児童28名（６クラス）を２クラスずつに分けた３グループ中の一つ

・それぞれの児童に好きなこと、得意なこと、頑張っていることがあるが、それをあまり意識していない児童もいる。また、好きなことなどを友達に伝えたり、友達から褒められたりする

経験は少ない。

・クラスを越えて、友達と一緒に遊んだり関わったりする姿が見られる。友達と一緒に何かに取り組むことにうれしさを感じる様子が増えている。一方で、時折おもちゃの取り合いをしたり、強い口調で言い合ったりすることもある。また、友達にあまり興味がない児童もいる。

3. ねらい／目標

○自分や友達の好きなこと、得意なこと、頑張っていることを知る。
○友達のよさを感じ、仲良くしようとする態度を育てる。

4. 指導計画

時期	時間数	学習活動	指導内容
10月	1h	・「きらり 1ねんせい」（1回目） ・おかたづけを しよう	・自分、友達のよさを知り、褒め合う。 ・かたづけのよさを知る。かたづけの体験をする。
11月	1h	・「きらり 1ねんせい」（2回目） ・あいさつを しよう	・自分、友達のよさを知り、褒め合う。 ・友達のいろいろな挨拶を知る。挨拶の体験をする。
12月 （本時）	1h	・「きらり 1ねんせい」（3回目） ・ともだちと なかよくしよう	・自分、友達のよさを知り、褒め合う。 ・友達と一緒に遊んでいる自分の姿や表情を見て、一緒にいると「楽しい」「うれしい」ことを確かめる。 ・友達と「よろしくね」「なかよくしようね」の言葉を掛け合ったり握手をしたりする。
1月	1h	・「きらり 1ねんせい」（4回目） ・よいことと わるいこと	・自分、友達のよさを知り、褒め合う。 ・良い行動、良くない行動を考える。
2月	1h	・「きらり 1ねんせい」（5回目） ・きゅうしょくについて しろう	・自分、友達のよさを知り、褒め合う。 ・給食ができるまでにいろいろな人が関わっていることを知り、感謝の気持ちをもつ。
3月	1h	・もうすぐ 2ねんせい ・ともだちと なかよく なったね	・自分、友達のよさを知り、褒め合う。 ・一緒に過ごした友達との思い出を振り返る。

＊「きらり1ねんせい」は、毎回異なる2名ずつの児童が発表するように、各授業に設定した。

5. 授業の展開

学習活動	指導内容	指導上の留意点
○はじめのあいさつ ○学習内容の確認	○はじめのあいさつを元気にする。 ○ "きらり1ねんせい" 　 "ともだちとなかよくしよう" 　 の2つを学習することを知る。	○言葉とサインであいさつの手本を見せる。
きらり1ねんせい ○「とどけメッセージ♪」 　の歌を聴く	○歌に出てくる「がんばってるね」「かっこいいね」などの言葉を言ったりジェスチャーをしたりする。	○歌を聴きながら楽しい雰囲気で始める。 ○歌に合わせてそれぞれの言葉に応じたジェスチャーを示す。

○頑張っていること、好きなことの発表をする（児童2名）	＜発表する児童＞ ○自分の動画を見ながら、言葉やサインを使って発表をする。 ＜発表を聴く児童＞ ○友達が好きなこと、頑張っていることを知り、思ったことを発表する。 ○友達にどのカードを送りたいか選ぶ。 ○カードを貼り付けながら、言葉やジェスチャーでメッセージを伝える。	○「何をしているのかな?」「どうだったかな?」などの質問をして児童からの言葉やサインを引き出す。 ○児童の表現が他児童に伝わりにくい場合は、復唱するなどして伝え直す。 ○イラストカードを用意し、友達に伝えるメッセージの手掛かりとする。
○「すごいね」「がんばっているね」「いいね」「かっこいいね」のカードを発表児童が持つ画用紙に貼り付ける。		
ともだちと なかよくしよう		
○友達と一緒になかよく過ごしている動画を見る。	○動画の中の自分に気付く。 ○何をしているか、どんな顔をしているかに気付く。 ○「楽しい」「怒っている」「悲しい」など、どんな気持ちかを考える。	○全ての児童が登場する動画を用意し、興味をもって見られるようにする。 ○「何をしている?」「どんな顔をしていた?」など様子や表情に着目させ、楽しそうにしていることを確かめる。 ○「たのしい」「おこる」「かなしい」の表情カードを用意し、選んで答えられるようにする。
○向かい合って握手をする。 ○ぶーちゃんビデオ「ともだちとなかよくしよう」を見る。 ○おわりのあいさつ	○友達と手を繋いだり、「よろしくね」と声をかけあったりする。 ○ぶーちゃんと友達が楽しく遊ぶ様子に気付く。 ○友達と一緒にいると楽しいことを確かめる。 ○おわりのあいさつを元気にする。	○「みんなともだち♪」の曲に合わせて和やかな雰囲気づくりをする。 ○動画を見やすい位置や照明に気を付ける。 ○言葉とサインであいさつの手本を見せる。

6. 指導の工夫

（1）生活と密接に関わった題材選び

　道徳科単独で授業づくりをする際に、１年生の児童にとって学校生活の中で最も密接であると思われる事柄を題材として選択した。児童に最も身近だと考えたのが「自分自身のこと」や「友達のこと」である。その中から、児童達の生活場面を切り取って具体的な内容として扱った。例えば、「きらり１ねんせい」で本時に発表した児童のうち１名は、休み時間に毎日作っている「工作」を、もう１名はクラスでも共有している「サインでのお話」を披露した。そして受け止める側の児童達と、和やかな雰囲気の中で、認め合ったり褒め合ったりすることができた。具体的な生活場面と結び付けて学習することが、日々の生活の何気ない行動と、道徳の学習内容が繋がり合うきっかけになると考えた。

図1　「ぶーちゃんビデオ」
〜ともだちと　なかよくしよう〜

（2）発達段階が幅広い児童に向けての授業づくり

　クラスに幅広い発達段階の児童が在籍していることを踏まえ、授業の中に音楽や体を動かして体験しながら取り組むことができる活動を取り入れた。また、毎回の授業に、同じテーマソングや、児童に浸透している「ぬい

ぐるみのぶーちゃん」が登場する「まとめ」となるビデオを視聴するようにした（図1）。

　毎回の授業に共通した流れを作り、見通しをもって参加できるよう配慮した。

（3）自分自身が写った動画の活用

　主となる教材として、児童の日常生活を教師が撮影した動画を使用した。そうすることで、児童がイメージをもちやすく、興味をもって授業に参加しようとすることに繋がった。また、学習内容を自分自身と結び付けやすくなった。動画の内容は、自分を振り返る経験が少ない1年生という学齢や一斉学習であることを考慮して、「自慢したくなるようなもの」「楽しいもの」を用意した。

（4）授業での学習が生活にも溶け込むように

　「きらり1ねんせい」の発表用紙（図2）や「とどけメッセージ」の歌（図3）を日常的に目や耳にできるように、廊下に掲示したり朝の会で流したりしている。また、授業後にも継続して、日常生活の中で学習したことを振り返らせるように言葉掛けをしている。

図2　廊下に掲示している発表用紙

「とどけメッセージ」

作詞・作曲 1年生担任

がんばる君を 応援したい
がんばる君に とどけ メッセージ

図3　「きらり1ねんせい」のテーマソング

7. 実践を振り返って（成果と課題）

　今回の授業では「自分」「友達」に関わる事柄を指導の重点とした。これらを道徳科単独の授業として取り上げたことで、時間をゆっくりと使って自分や友達について考えることに繋がったと思われる。また、児童が頑張っている動画を教材として取り入れ、自分のことを客観的に見る、伝える体験、褒められる体験をすることで、自己のイメージがこれまで以上に確かなもの、誇らしいものになったのではないかと考える。

　例えば、日常生活の中でも「（がんばるから）ムービーとって！」と言ったり、発表を思い出して「○○をがんばっています」と言いながら苦手なことに取り組もうとしたりする様子が見られるようになっている。また、毎回の授業や生活の中で、継続して見聞きしている「いいね」「す

ごいね」「がんばってるね」などの言葉やイラストカードのジェスチャーが、徐々に児童自身から発せられ、友達への言葉掛けとして生活の中に浸透してきている様子も見られる。

　「道徳科の授業をどのように実践するか」ということは今後も引き続きの課題だが、1年生の児童を対象とした「道徳科」の単独の授業実践例として本例が本校の1つのケースとなることも期待される。題材、テーマソングなどの教材、動画の活用方法等は今後も授業に取り入れることができる内容となり得る。

　新たに道徳科の授業を考えていくにあたっては、児童にとって身近で具体的な題材を選ぶこと、児童がイメージしやすい教材を使って授業を展開すること（今回は動画やイラストカードや歌）、学習がそれぞれの児童の生活に溶け込むように意識することが不可欠だと考えている。

図4　友達から「いいね！」カードをもらおう

図5　「よろしくね！」の手繋ぎダンス

事例4　学校設定教科（おはなしであそぼう）　　特別支援学校　小学部

あいさつは魔法のことば

川井 優子（東京学芸大学附属特別支援学校）・齋藤 大地（宇都宮大学）

主として扱う内容項目／関連する内容項目

　本授業では、主として小学校学習指導要領におけるB［主として人との関わりに関すること］の［礼儀］（気持ちのよい挨拶、言葉遣い、動作などに心掛けて、明るく接すること。）を扱うこととした。

1. 題材について

　本校小学部では、教育課程に「道徳の時間」を位置付けておらず、各教科、領域別の指導、各教科等を合わせた指導の中で適宜、道徳教育の内容を押さえて指導をしている。

　「おはなしであそぼう」は本校の学校設定教科（平成29年度小学部教育課程変更のため、現在は取り扱いなし）であり、本実践は道徳教育の内容をおさえた指導として行った。「おはなしであそぼう」は、①絵本や紙芝居、パネルシアターを通してお話に親しむ、②役割演技を通じていろいろな言葉や動作を身に付ける、という目標のもとで、週1時間設定されている。小学部の低学年の子供たちが簡単な絵本や紙芝居を通してお話に親しむことは、表現力や想像力が身に付く、興味・関心が広がる、情緒が安定する、語彙を豊かにするなどの点で有効である。

　本題材では、あいさつを取り上げた。あいさつは日常的に行われるものであり、やりとりの重要な側面を担う。あいさつの習慣がある程度身に付いてきた小学部の低学年段階において、あいさつはしなければいけないものではなく、あいさつをすると自分と相手の心が結び付き、互いにうれしい気持ちになるということに気づくことが大切だと考えた。そこで、本題材ではCM曲『あいさつの魔法』を参考に、児童の日常生活におけるあいさつ場面を取り上げた紙芝居や歌を作成し、教材として用いることとした。この教材は「おはよう」から「おやすみ」まで、8種類のあいさつ場面を設定している。これらの教材をもとに、布団やランドセルなど日常生活場面において子供たちが頻繁に使用する具体物を用いて、役割演技を取り入れた。小学部の子供たち、とりわけ低年齢段階の子供にとって、身近な具体物を用いることによって、あいさつをすると自分だけではなく、相手も楽しいということを体験的に感じてもらえるのではないかと考えた。

　本題材を通して、あいさつはしなければいけないもの、させられるものではなく楽しい活動として児童が捉え直し、あいさつをすると自分も相手も心が動くということを感じとることを期待している。

2．対象とする児童の実態

・小学部1～3年生の児童6名（各学年2名ずつ）
・知的障害、ダウン症の児童で構成され、発達水準に幅のある集団である。
・音楽が好きな児童が多い。
・自発的にあいさつできる子、特定の相手にしかあいさつできない子、あいさつの言葉を知っているが、自発的にはあいさつできない子など、あいさつに関する実態は様々であった。その中で共通して言えることは、幼い頃よりあいさつをルールやスキルとして教えられてきたからなのか、ただ知っている言葉を相手に言うだけで、楽しそうにあいさつする児童の姿があまり見られないことであった。

3．ねらい／目標

○役割演技の中であいさつすることができる。
○あいさつをすると自分も相手も楽しくなるということに気づくことができる。

4．指導計画

時期	時間数	学習活動	指導内容
10/6	40分	朝のあいさつをしよう	紙芝居、あいさつの歌、役割演技（おはよう）
10/26（本時）	40分	出かけるあいさつをしよう	紙芝居、あいさつの歌、役割演技（いってきます）
11/9	40分	お礼を伝えよう	あいさつの歌、役割演技（ありがとう）

5．授業の展開

学習活動	指導内容	指導上の留意点
○あいさつをする。 ○『はじまりの歌』を歌う。	○授業の始まりを意識する。	○MTは日直とともに姿勢を正すよう促す。 ○MTは『はじまりの歌』を歌う。
○おはなしを聞く。	○紙芝居に注目し、いろいろなあいさつを知ることができる。	○MTが児童用の机上で、紙芝居と動物のペープサートを操作する。
○『あいさつの歌』を歌う。	○音楽を通して、いろいろなあいさつを知ることができる。	○MTがキーボードを演奏する。 ○ST1が具体物の出し入れを行う。 ○音楽に合わせてST1と代表の児童1名が具体物を操作しながらあいさつをし、見本を示す。
○役割演技を行う。 1) 家の模型の中に母親役のST1と子供役の児童が入る。 2) 児童がランドセルを背負い、家を出る。	○本時の学習内容を知り、やることが分かる。 ○「いってらっしゃい」「いってきます」のやりとりをすることができる。	○母親役のST1と代表の児童1名が「いってらっしゃい」「いってきます」のやりとりの見本を示す。 ○母親役のST1はあいさつのポイントが児童に伝わるように、分かりやすく演技をする。

3) 家を出る際に母親役のST1と「いってらっしゃい」「いってきます」をする。 4) 児童が各々の方法であいさつができた場合には母親役のST1がにこやかな笑顔になる。その後、ダンスを一緒に踊る。 5) 児童が各々の方法であいさつができなかった場合には母親役のST1が悲しそうな表情になり、悲しい音楽が流れる。	○あいさつの仕方によって、相手の表情などが変化することを知る。 ○あいさつをすると、自分も相手も楽しくなることを体感する。	○役割演技は、3年→2年→1年の順に一人ずつ行う。 ○児童のあいさつのポイントは、相手を見ることと明るい表情をすることとした。 ○うまくあいさつができなかった場合には、ST1がポイントを伝え、再度役割演技に取り組む。
○あいさつをする。	○授業の終わりを意識することができる。	○MTは日直とともに姿勢を正すよう促す。

6. 指導の工夫

（1）音楽の効果的な利用

　『あいさつの歌』は既存の楽曲をアレンジして、「朝起きたときは？」「家を出るときは？」「ごはんを食べるときは？」などと児童に問いかけ、リズムよく明るい気持ちで「おはよう」「いってきます」「いただきます」などと言えるように工夫した。役割演技では、相手の言動や表情だけでは気持ちが分かりづらい児童にとって、より雰囲気を感じ取りやすくするために、楽しい音楽と悲しい音楽の2つを使用した。視線や表情などに注目し、児童が教員に対してあいさつすることができた場合には、教員が笑顔になり、『まあるくなろう』の歌に合わせて一緒にダンスをすることとした。あいさつをされた相手も楽しくなるということを感じてもらうために、表情の変化とともに、ダンス場面を取り入れた。

（2）教材の工夫

　児童の実態に合わせて紙芝居（図1〜6）や役割演技に用いるお面などを自作した。紙芝居に関しては、より児童が関心をもって見ることができるよう、一部をペープサートにした。役割演技に関しては、ランドセルや布団などの具体物を用いることで、児童がよりお話の中に入り込みやすいようにした。

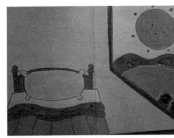
図1　おはよう

図2　いってきます

図3　ありがとう

図4　いただきます　　　　　図5　さようなら　　　　　図6　おやすみなさい

7. 実践を振り返って（成果と課題）

　3回の授業を通して、終始子供たちの表情は明るい様子だった。『あいさつの歌』を繰り返し歌うことによって、徐々にフレーズを覚え、楽しい雰囲気で授業を進めることができた。紙芝居にもよく注目できており、授業の回数を重ねるごとに自分が知っているあいさつを自然と言葉に出している様子も見られた。役割演技では多くの児童が「やりたい！」と自ら挙手し、積極的に取り組んでいた。家に出入りしたり、ランドセルを背負ったりと次にやるべきことを理解して行動していた（図7・8）。

図7　役割演技①

　授業以外の日常の場面（登下校、休み時間など）でも、あまり自発的にあいさつをしない児童に歌を口ずさむと、反応する様子が見られた。ただお話を読み聞かせたり、「あいさつは？」と声をかけたりするだけでなく、音楽を活用することは本学級の児童にとって、教えたい言葉が記憶に残りやすくなり、コミュニケーションへの意欲を引き出すために有効であると感じた。

図8　役割演技②

　本授業をきっかけに、毎日の生活の中で気持ちのよいあいさつをするとともに、他者とのやりとりの楽しさを味わえるようになってほしい。あいさつは生涯にわたり、大切なコミュニケーション手段であるため、よりよい人間関係を築くために、保護者と連携して学校以外の様々な場面でも取り組んでいきたい。

　今後の課題は、「あいさつをすると自分も相手も楽しくなる」ということに気付かせるための手立てである。本実践では相手を見る、表情などをポイントとし、児童のあいさつの様子によって音楽が変化することで、あいさつをした相手の気持ちを伝えるという方法を試みた。授業の中では、音楽が変化することが気持ちを表すということに気づきにくい児童もいたため、そういった児童に対してはあいさつをすると自分や相手がどんな気持ちになったかをイラストや言葉で視覚化できるとより有効であろう。

事例5　道徳科　　　　　　　　　特別支援学校　中学部

「自分説明書」を作ろう ～自分の軸を培う活動～

成田　芳子（栃木県立足利特別支援学校）

主として扱う内容項目／関連する内容項目

　本授業では、主として中学校学習指導要領におけるA［主として自分自身に関すること］の［向上心、個性の伸長］（自己を見つめ、自己の向上を図るとともに、個性を伸ばして充実した生き方を追求すること。）と関連し、B［主として人との関わりに関すること］の［相互理解、寛容］（自分の考えや意見を相手に伝えるとともに、それぞれの個性や立場を尊重し、いろいろなものの見方や考え方があることを理解し、寛容の心をもって謙虚に他に学び、自らを高めていくこと。）を扱うこととした。

1. 題材について

　本校は、隣接する病院に通院または入院している小・中・高等部の児童生徒が医療を受けながら教育を受けることができる病弱特別支援学校である。中学部では、通常の学級、重複障害学級、訪問教育学級、院内学級の課程を設けている。通常の学級の課程では、中学校学習指導要領に準じて「特別の教科　道徳」の学習内容を設定し、その他の課程では、各教科等の学習と関連付け、合わせた指導として内容を設定している。学校の教育目標である「児童生徒の発達や特性を考慮し、一人一人のニーズに応じた教育を通して、社会で自立し、健康で心豊かに生きる人間を育む」ことをもとに、中学部では、将来の社会生活に向けて適切な進路選択ができる力の向上を主なねらいとし、道徳的な心情、実践意欲や態度を育てる指導を行っている。

　本実践の対象生徒は知的障害・発達障害はないが、本校に通う生徒の実態が多様であること、自分の軸を培う学習は障害の有無にかかわらず大切な学びであることから取り上げた。自分とは何者であるか、自己を知り、自己の生き方についての自覚をもつことは、変動する社会に適応しながら、様々な文化や価値観を背景とする人々と相互に尊重し合える、判断力、心情、実践意欲の育成の主軸となる。

　本実践では、自分という一人のかけがえのない存在を肯定し、受け入れていく生き方について考えることをねらい、『ぼくのニセモノをつくるには』（ヨシタケシンスケ，2014，ブロンズ新社）の絵本を教材として使用した。主人公に自我関与しながら道徳的な問題に向き合い、身代わりロボットに自分を説明している絵本の内容に沿って、「自分説明書」を作りながら、自己理解を深める授業展開を目指した。「自分説明書」の項目は、絵本の展開をベースとして、「外見」「得意・苦手なこと」、生徒から提案のあった「今年中にやりたいこと」「15年後の自分」、自分の身近な人に協力を依頼する「他人から見える自分」を取り入れた。「自分説明書」は、タブレッ

トのプレゼンテーションアプリを活用して作成した。

　自分を内省することは、人間としての生き方や社会との関わりを見つめる起点である。自立活動（「3　人間関係の形成」「5　コミュニケーション」）との関連を密にし、これまでの経験や培ってきた考えを基に、道徳的な問題を自分との関わりを通して、自己の納得する価値（納得解）に出会う経験を積み、物事を多面的・多角的に捉えて自分の問題として思考する「軸」を養いたい。

　自分の軸を培うためには、他者を通して、多様な価値観に触れ、自分との相違を考える中で自分の生き方を見つめ直す場面を設ける必要がある。本校の普段の授業は、マンツーマンあるいは少人数指導であり、対話を通した学びが課題の一つとして挙げられる。そこで、他者の意見を聴く基盤を強化するため、普段、道徳の授業を行っている担任にも一人の人間として授業に参加する協力を依頼した。本事例は、担任以外が行う道徳の授業である。授業者自身も問題意識を共有しながら、教師と生徒が、人間としてよりよい生き方を求め、共に考え共に語り合う授業を試みたいと考えた。

2.　対象とする生徒の実態

・中学部2年、通常の学級（教科指導を主とした課程）に所属する女子1名
・小学部より本校に在籍している。
・マンツーマン、少人数での指導のため、同世代との交流や対話による学習経験が課題である。
・作文を書くことや自分の意見を述べることに苦手意識をもっている。
・IQは平均より高い。視覚優位であり、情報の取捨選択に課題がある。（WISC-Ⅳより）
・考えを整理しまとめたり、表現したりする補助ツールとしてICT（タブレット）を活用している。

3.　ねらい／目標

○自分を説明する絵本の主人公の当初の考えとその後の思考の変化を起点に、自己理解と他者
　理解を深める中で、自己の存在を肯定し、受け入れていく生き方についての基礎的思考を養う。

4.　指導計画

時期	時間数	学習活動	指導内容
11/22	1h	・『ぼくのニセモノをつくるには』に登場する主人公の心情を起点に、今までの生き方を振り返る。 ・絵本をもとにした「自分説明書」を作る。	・主人公が自分の「ニセモノ」がほしいという気持ちを推察することを通し、今までの自分の生き方について「問題意識」をもたせる。 ・絵本をもとにした自分についての説明をタブレットのプレゼンテーションアプリでまとめながら、自己の生き方を見つめ直す時間を設ける。

11/29 （本時）	1h	・作成した「自分説明書」をもとに、自己理解、 　他者理解を深める。 ・自己理解と社会を生きる繋がりについて考え 　る。	・他者の比較を通して、多様な生き方があることや 　自分と相違があることに触れ、自分自身の価値に 　気付かせ、自己理解を促す。 ・自己実現や社会生活について、自己の「納得解」 　に出会う。

5．授業の展開

学習活動	指導内容	指導上の留意点
○あいさつをする。 ○前時までの振り返りをする。 ○本時の学習内容を知る。	○声の大きさ、姿勢、目線を意識してあいさつさせる。 ○絵本のあらすじ、前回作成した資料を見て前回までの学習を確認し、本時の学習を知らせる。	○話しやすい雰囲気を心掛ける。 ○絵本や資料等を効果的に使い、前時の振り返りから本時の活動へ期待が高まるようにする。学習テーマに沿った課題意識を主体的にもてるような言葉掛けをする。
○「自分説明書」のスライド発表をする。 ○発表を聞いて、相手に対し、興味をもったことを質問し合う。	○現状を視覚化して全体で共有することで、「伝えたい」「聞きたい」というきっかけを作る。 ○「自分説明書」をもとにした対話で、多様な価値観に触れる。 ○他者との相違点、共通点などを話し合うことでより多様な価値観に触れ、自分の姿や生き方を自覚させる。	○発表者も聞き手も着座にて行い、実際にロボットに伝える場面設定とし、順番に発表する。 ○それぞれの発表を聞いた後、良かった点や質問などを付箋にメモする時間をとる。 ○相手の長所だけではなく、短所が長所となりうるような点を見つけ、話題にする。
○自分が主人公の立場だったら、この後、どんな行動をとるかについて話し合う。 ○1年後、15年後のありたい自分に出会うために、「人間としてよりよく生きる上で大切なことは何か」を考察する。 ○終わりのあいさつをする。	○諸事象の背景にある道徳的価値の多面性に着目させ、それを手掛かりに主人公の行動を推察させる。 ○自分が主人公の立場だったらどうするか考えさせる。 ○生き方についての探究は、道徳的価値を自分なりに発展させていくことや、自己や社会の未来の希望へ繋がることに気付かせる。 ○姿勢を正し、声の大きさ、表情を意識してあいさつをさせる。	○対話を通して、様々な場面を想起させ、生徒自身の多様な感じ方や考えを引き出し、道徳的価値について主体的に考えられるようにする。 ○生徒の学習課題に対する発言に着目し、道徳的価値と自己の生き方についての考えを相互に関連付ける言葉掛けを行う。 ○授業前と授業後の表情の変化を記録し、次の学習の手掛かりにする。

6．指導の工夫

（1）絵本を題材に

　今回教材として使用した絵本には、主人公の男の子が、「自分らしさってなんだろう…。自分を知るって、めんどくさいけど、おもしろい！」と変化する心情が、シンプルながらとても感情豊かに描かれている。授業参加者が絵本の世界に入りやすく、一人のかけがいのない自分が、他者や社会の中で影響を受けつつ、在るべき自分の姿を探る手掛かりとなった。シンプルな言葉でつづられ、感情豊かに物語が展開していく絵本は、内容を理解しやすく、登場人物に自我関与しやすい教材である。どの年代でも、そして年齢を重ねて再度読むと新たな学びや気付きに出会うことができることも魅力の一つである。

図1　授業の様子

図2　タブレットの活用

（2）授業形態の工夫

　道徳のより充実した指導体制を目指し、生徒の実態をよく把握している担任に授業への参加を依頼し、連携をとりながら、生徒1名、担任、授業者の3名での授業形態で行った。教師も一人の人間として授業に参加するという形態をとることで、マンツーマンや少人数の授業が多い生徒にとっては、対話を通して様々な考えや多様な価値観に触れる貴重な機会となる。また、担任が生徒の変容を捉える「教師の視点」と、学習のねらいに対する「生徒の学びの視点」の双方で、授業を捉えることで、授業後に、教師間で本質的な気付きをもとにした授業省察を行い、次の課題へと繋げる手立てを検討することができた。

（3）自立活動との連携とICTの活用

　自分の気持ちを相手に伝えることへの苦手意識は、諸検査や学習の実態から、インプットした知識や経験を整理してつなぎ合わせる活動を経て、アウトプットすることで軽減できるのではないかと見立てた。これらの課題を解決する一つの支援ツールとしてICT（タブレット）を活用した。自立活動として、プレゼンテーション（Keynote）、マインドマップ（SimpleMind）、プログラミング（SwiftPlaygrounds）の各アプリを使って技術的なスキルを身に付け、聞き手に分かりやすく伝えるための思考を整理したり、物事を俯瞰して考えたりする学習を行った。ICTをアシスティブ・テクノロジーとし、自分の能力の一部として活用するためには、場面状況を判断し、自己の困りに応じた適切な手段を組み合わせ、選択できる力が必要である。実際の体験に基づいた理解を促すために、各教科が連携した横断的な学びの場が求められる。道徳では、異年齢でも、道徳的な問題を中心にそれぞれの価値観で対等に対話することが可能となる強みを生かし、対話のもととなる思考や発言を補助するツールとしてICTを活用しながら、「よりよく生きるとは何か」という問いに向かわせた。

7. 実践を振り返って（成果と課題）

（1）成果

　絵本の世界に入り、主人公の心情の変化とともに、社会の中で生きる「過去の自分」「現在の

自分」そして「未来の自分」に向き合えた。また、他者の作成した「自分説明書」の発表を聞いて、「ここはどうなんだろう」と興味をもつことで、質問の仕方を考えたり、対話の中で自分との相違に気付いたりする経験を積めた。

　自分という軸を基に他者を理解することは、自分を深く知ることにも繋がる。自己理解は、他者理解にも繋がり、その往還の中で自分の軸がしなやかに強化されていく様子が、授業中の発言や表情の変化等から感じられた。また、主人公を自分に置き換え、自分の将来の夢を実現するために必要な力を考え、社会との繋がりの中で未来に向かう自分と向き合うことを意識した発言もあった。

　本実践後も道徳的な問題を自分事として向き合う道徳の授業を重ねた。他者の意見をうまく取り入れながら、自分の意見を発信する姿が見られるようになった。授業が終わってからも、話し合いが続くこともあり、主体的に学び、他者との対話を楽しんでいる様子がうかがえた。そこで、少し大きな集団の中での授業も経験してほしいという思いと、「対話型授業検討」を試みたいという考えから、授業見学の教師8名に授業参加の協力を依頼した。生徒1名とその8名の計9名を、3名ずつの3グループに分け、「真の友情」についての授業を行った。本生徒は、教師の中に入っても、自分の意見を堂々と発表できた。道徳的問題を自分事として考え、異なる意見を聞き入れていく中で思考が更新されていく様子が、発言の変化からうかがえた。多様な価値観の中で思考が磨かれ、真の友情とは何かという自分自身の「納得解」に出会えた。

（2）今後の課題

　自分の軸をもつことが、社会における自分の生き方を知る手掛かりとなる。

　作成した「自分説明書」をポートフォリオの起点として、自らの学習プロセスの蓄積に活用したいと考えている。目標に向けて頑張った記録や成果物を整理し、節目で振り返り、課題解決のプロセスを可視化したい。こうした自分の成長を客観視する活動を通して、自分の軸を育て、次の課題を解決する応用力へと繋げていきたい。

　また、本実践を通して、教師自身が生徒と共に授業を楽しみ、学び手の立場で生徒の感じ方や考え方の理解を深めていくことは、道徳の授業を開拓する手立ての一つであると実感した。教師も作成したポー

図3　出来上がった「自分説明書」

トフォリオを活用するなどし、「社会でよりよく生きるとは何か」を問い続ける一人の人間として、教える専門家でありながら生徒と共に成長し続ける学び手の視点を探究する必要性を感じた。

　本実践は、道徳的な問題を通して、自分の軸を強化し、自分事として考え、自己の納得解に出会う基盤を作る学習であった。生徒が道徳的価値を養い、自己や社会の未来に希望がもてる生き方についての思考が深められるよう、実態に応じた授業を展開する。同時に、教師自身が学びを楽しみつつ、柔軟で魅力ある道徳の指導法を探究していきたい。

事例6　道徳科（学校行事との関連）　　特別支援学校　中学部

マラソン大会のときの自分と向き合おう

日置 健児朗（熊本大学教育学部附属特別支援学校）

主として扱う内容項目／関連する内容項目

　本授業では、主として小学校学習指導要領におけるA［主として自分自身に関すること］の［**希望と勇気、努力と強い意志**］（自分でやろうと決めた目標に向かって、強い意志をもち、粘り強くやり抜くこと。）を扱うこととした。

1. 題材について

　熊本大学教育学部附属特別支援学校（以下、「本校」）中学部では、平成28年度から「特別の教科 道徳」として、特設した授業を行ってきた。平成28〜29年度を試行期間とし、令和元年度から教育課程上において「特別の教科 道徳」として、年間35時間（特設した時間としては、15時間とした。その他の時間は、生活単元学習等の中で取り扱うようにした）を設け、年間指導計画を基に授業を行っている。

　毎年2月にマラソン大会（以下、「大会」）に向けた持久走に取り組んでいる。生徒の体力に応じて適切な距離を設定したり、自己の目標をもって意欲的に取り組めるように記録表を活用したりして、個々の力を十分に発揮できるよう工夫している。

　しかし、自分自身の「苦しくて諦めたい」といった弱さや「今よりも速く走りたい」「友達に負けたくない」といったより高い目標を目指すことを意識して取り組んだ経験が少ない。

　そこで、これらの気持ちに気付き、自分と向かい合って、努力する自分自身の姿について考えることができるようにするとともに、強い意志をもち、粘り強くやり抜くことの大切さに気付くことができる題材設定とした。

　また、自分と向かい合って努力したときの気持ちを友達と共有して振り返りながら、自分自身や仲間との高め合いのよさや大切さなど、これからの学校生活や家庭生活でどのように活かしていくかを考えられるようにした。

2. 対象とする生徒の実態

・中学部1〜3年生の生徒18名

・知的障害、自閉スペクトラム症、ダウン症等、障害種や障害の程度は多様であり、幅広い発達段階の生徒が在籍している。

・生徒のコミュニケーションの実態としては、言葉で心情を説明することができる生徒、写真や

イラストから選択して気持ちを伝えることができる生徒、表情やジェスチャーなどで感情を表出することができる生徒など多様であるとともに、個々に自分の力を活かして話し合い活動に取り組んでいる。

・相手の気持ちを推し量ったり、気持ちを表現する語彙が少なかったりするため、話し合い活動において、教師が生徒の内面の気持ちを代弁したり、考えを整理して翻訳的な役割をしたりすることが必要である。

・持久走の際に生徒個々で目標を立てているが、走ることに苦手さを感じている生徒、走っている途中できつくなり、歩いてしまう生徒などが見られる。

3. ねらい／目標

○マラソン大会において「苦しくて諦めたい」「今よりもよくなりたい」などの気持ちについて考え、自分と向かい合い、強い意志をもって努力する自身の姿について考えることができる。
○自分や友達との対峙や努力する自身の姿について考えることができる。

4. 指導計画

時期	時間数	学習活動	指導内容
1/30 大会前	1h	・熊本リレーマラソンに出場した教師の気持ちを聞く。 ・大会に向けて持久走をする際、苦しくして諦めたいときやきついときなどに、どんな気持ちで自分と向き合うかを考え、意見交換をする。	・熊本リレーマラソンに出場した教師が目標をもって、諦めずに走り抜いたことを知る。 ・大会における自分の目標を考える中で、自分と向き合う。
2/13 大会 当日	1h	・自分が立てた目標と向き合いながら走る。	・目標と向き合っているときの心の葛藤などに気付く。
2/15 大会後 (本時)	1h	・大会で自分と向き合ったときの心の葛藤について意見交換し、発表する。 ・発表を聞き、友達の頑張りに着目して、感じたことを伝え合う。	・大会で走っているときの自分を振り返り、苦しくて諦めたくなる弱さや諦めずに走り抜こうとする強い意志があることに気付く。 ・友達と励まし合い、称賛し合うことにより、自分の頑張りをあらためて認識する。

5. 授業の展開

学習活動	指導内容	指導上の留意点
○始まりの挨拶をする。 ○本時の学習内容等を知る。 　「マラソン大会のときの自分と向き合おう」	○努力することや目標に向けた強い意志をもつことについて考える。	○各クラスの日直の中から挙手制とし、元気に大きな声で号令をかけるよう促す。 ○本時の学習について簡潔に説明する。 ○自分のこととして考えられるよう、本時のテーマを提示する。 ○前回使用したワークシートや各自の写真を提示する。

○苦しくて途中で諦めてしまいそうになったときの気持ちや、最後まで走り抜いた達成感などについて、各クラスで意見交換をする。	○大会での自分を振り返り、諦めたくなる弱さや諦めずに走り抜こうとする強い意志があることに気付く。	○大会時の写真を提示し、各自の表情等に着目して、当時の気持ちを想起できるようにする。
○発表を聞き、友達の頑張りに着目し、感じたことを伝え合う。	○友達と励まし合い、称賛し合うことにより、自分の頑張りを改めて認識する。	○「気持ちの棒グラフ」で走っている最中の気持ちを表情イラストで選択したり、色の濃淡をつけたりして、気持ちの変容を表現できるようにする。
		○気持ちカード（いいね、すごいね）を配付し、自分と向き合い、努力したことや諦めずにやり遂げた気持ちに対して、互いに称賛できるようにする。
○終わりの挨拶をする。	○元気よく、大きな声で挨拶をする。	○各クラスの日直の中から挙手制とし、元気に大きな声で号令をかけるよう促す。

6. 指導の工夫

（1）写真や動画の活用

　各生徒の練習時や、大会当日の走っている様子や表情などに着目し、走っている最中の心の葛藤について振り返って考えやすいようにした（図1）。

（2）iPadやアプリの活用

　今回の「気持ちの棒グラフ（教材サイト Teach U より）」を活用した。表情イラストと4色の濃淡で視覚的に表現するもので、タブレットを操作することにより自分の気持ちを直感的に選択できる。これにより、走っているときの自分と向き合う中で感じた複雑な心の葛藤を表現したり、走っている最中に自分と向き合う中で感じた複雑な心の葛藤を表情イラストと4色の濃淡で視覚的に表現できるようにした。あえて文字等を入れずに表情イラストにも文字を入れないようにしたり、文字の読み書きに困難な生徒が自分の気持ちを表現したりできるようにした（図2）。

（3）気持ちカードの使用

　「いいね」「すごいね」のカードを1枚あるいは両方選択して、友達が努力した姿や気持ちを称賛できるようにするとともに、自分自身も同じ気持ちを感じたことを視覚的に提示することで、共感し合えるきっかけづくりをした（図3）。

（4）保健体育との連携

　毎回の練習後に、努力したことやそのときに感じた気持ちを振り返って周回数記録カードへ記入したり、感じた気持ちを表情イラストから選んだりすることができるようにした。記入し

図1　マラソン大会の様子

図2　気持ちの棒グラフ

図3　気持ちカード（すごいね）

たカードの内容を授業時に用いることで、これまでの練習時の自分の心の葛藤についても振り返って考える材料とした（図4）。

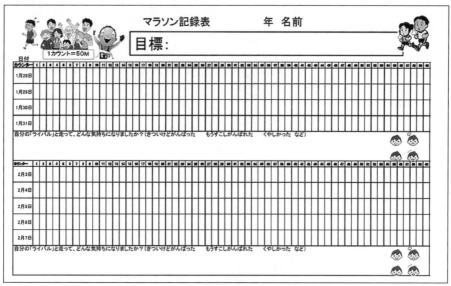

図4　周回数記録カード

7. 実践を振り返って（成果と課題）

　大会前の授業では、持久走で苦しくて諦めたいときなどに、自分とどのように向かい合うかについて、昨年度と今を比較しながら考え、クラスで意見交換を行った。生徒は、教師とやりとりしながら、苦しくなったら歩きたくなること、走ることを諦めてしまうかもしれないとの不安があること、きつくても最後まで頑張り抜きたい気持ちがあることなどを確認し、ワークシートにまとめていった。自分の弱い面も含めて、自分と向かい合って考える様子が見られた。目標発表では、「友達に負けたくない」「きついけど最後までがんばって走りたい」など、目標に向かう気持ちを発表することができた。

　大会後の授業では、大会当日の写真を用いて走っているときの表情に着目し、苦しくて諦めようとしたときの心の葛藤について振り返った。生徒は、友達を追い越したり抜き返されたりしたときや苦しくて歩きたかったときの気持ちの変化を思い出し、「気持ちの棒グラフ」の表情イラストや4色の濃淡等を用いて表現し、発表することができた。

　男子生徒Aは、「今年は、諦めずに走り抜くことを目標に頑張って走った。そうすると目標の周回数を超えることができ、自信がついた」と達成感を発表することができた。また、男子生徒Bは、「最初は友達と競っていたが、走っている途中できつくなった。そのとき、最後まで力一杯走りたいという、きつさを乗り越える気持ちへと変わっていった」と発表した。大会当日の自分に向かい合うとともに、諦めずに走り抜こうという強い意志の発現に気付くことができた。

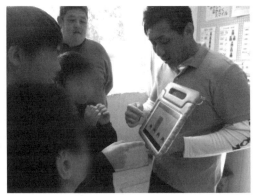

図５・６　授業風景（iPad の操作）

図７　クラスごとの発表

　さらに、男子生徒Ｃが「友達の発表を聞き、大会当日に自分も走る距離を伸ばそうと頑張っていたことに改めて気付くことができた」と発表した。友達の頑張りに着目したことで、自分に向き合った場面を思い出し、自身の頑張りを改めて認識することができた。

　女子生徒Ｄは、教師とやりとりする中で、走り終えた後のきつかった気持ちを「気持ちの棒グラフ」の中から悲しい表情イラストを選択し、表現することができた。その発表を聞いた生徒の１人が、「きつかったときの気持ちがよく分かった。でも、よく顔を上げて頑張っていたよ」と声を掛け、拍手で称賛していた。女子生徒Ｄは、友達からの称賛を受け、「きつかった」という気持ちが「歩かずに最後まで走り抜いてよかった」に変わり、笑顔を見せていた。友達の称賛により、自分の頑張りを認識する姿が見られた。

　授業を通して、自分と向き合うことについては考えることができたが、日常生活における各自の課題に対しては、どんな気持ちで向き合い、自分を高めていくかを意識して過ごす経験が少ないと考える。そこで、今後は学校生活や家庭生活で課題と場面を写真や動画で提示して考えたり、実際に体験したりして、自分と向き合い、葛藤しながらも努力し続ける態度を身に付けるようにしていきたい。また、「気持ちの棒グラフ」を活用する機会を増やし、自分の気持ちの葛藤を視覚的に表現したり、伝えたりして、生徒間で互いを知り、お互いに高め合うよう働き掛けたい。

事例7　道徳科（学校行事との関連）　　特別支援学校　中学部

すずかけ祭りにたくさんの人が来るのはなぜだろう?!

日置 健児朗（熊本大学教育学部附属特別支援学校）

主として扱う内容項目／関連する内容項目

　本授業では、主として小学校学習指導要領におけるB［主として人との関わりに関すること］の［感謝］（家族など日頃世話になっている人々に感謝すること。）を扱うこととした。

1. 題材について

　本校の学校祭である「すずかけ祭り」（以下、「祭り」）は、保護者はもとより、出身学校の先生、地域の方々、労働や福祉関係者など多くの方々が来場される行事である。生徒はステージ発表や作業製品販売、カフェ運営などを通して、来場する家族や地域の方々との繋がりを楽しみながら活動に取り組んでいる。

　祭りは、来てくださる方々（以下、「来場者」）にとっては生徒の学習の様子を幅広く知る場であり、生徒にとっては来場者の善意等に気付き、感謝の気持ちを感じる場になると考える。

　そこで本題材では、生活等を支えてくれている家族・学校の先生・友達・地域の人の思いを知り、これらの人と自分がどのように関わり、支えられているのかを考えることができるよう学習を行う。そして、祭り当日に来場者インタビューを行い、来場者の気持ちについて確認し、感謝の気持ちを感じることに繋がるようテーマを設定した。

2. 対象とする生徒の実態

・中学部1〜3年生の生徒18名
・知的障害、自閉スペクトラム症、ダウン症等、障害種や障害の程度は多様であり、幅広い発達段階の生徒が在籍している。
・コミュニケーションの実態としては、言葉で心情を説明することができる生徒、写真やイラストから選択して気持ちを伝えることができる生徒、表情やジェスチャーなどで感情を表出することができる生徒など多様であるとともに、自分の力を活かして話し合い活動に取り組む姿が見られる。
・相手の気持ちを推し量ったり、気持ちを表現する語彙が少なかったりするため、話し合い活動

において、教師が生徒の内面の気持ちを代弁したり、考えを整理して翻訳的な役割をしたりすることが必要である。

・生徒のインタビューにおける実態としては、自分から簡単な質疑応答ができる生徒、教師が相手の会話を整理しながら伝える生徒など、幅広い実態がある。

3. ねらい／目標

○祭りを通して、自分を支えてくれている家族や地域社会等の人々の善意等に気付き、感謝する気持ちを言葉や態度で表現することができる。

4. 指導計画

時期	時間数	学習活動	指導内容
11/7 祭り前	1h	・来場者が祭りに来場する理由について、話し合いをする。 ・来場者に対する自分の思いについて考え、発表する。	・来場者が祭りに来場する理由について考えるなかで、来場者に伝えたい感謝の気持ちなど、自分の思いに気付く。
11/17 祭り 当日	1h	・祭りの来場者にインタビューをしたり、関わったりする。	・来場者にインタビューを行い、来場する理由等について知る。 （インタビューの内容）＊図4参照 ・誰に会いに来たのか。 ・(祭り全体や作業製品販売など) 活動をどう思ったか。 ・祭りに来場して、感じたこと。
11/19 祭り後 (本時)	1h	・祭り当日の来場者との関わりやインタビューを振り返り、来場した理由について話し合う。 ・自分を支えてくれる人々への感謝の気持ちの伝え方について考え、発表する。	・来場した理由を改めて確認し、来場者が自分たちの活動を支えてくれている存在であることに気付く。 ・身近な人から支えられて日頃の生活を過ごしていることに気付く。 ・言葉や態度で感謝の気持ちを表現する。

5. 授業の展開

学習活動	指導内容	指導上の留意点
○始まりの挨拶をする。 ○本時の学習内容等を知る。 　「すずかけ祭りにたくさんの人が来るのはなぜだろう?!」	○自分を支えている人々への感謝の気持ちをもつことについて考える。	○各クラスの日直の中から挙手制とし、元気に大きな声で号令をかけるよう促す。 ○本時の学習内容や取り扱う「道徳」の内容項目について簡潔に説明する。 ○本時のテーマについて、イラスト等を活用して、答えを導き出したり、選択したりする授業ではなく、自分のこととして考えるよう説明する。 ○振り返りやすいように、前回使用したワークシートを用いる。

○自分の身近な人々が来場してくれた理由について考える。 ○自分を支えてくれている人々との関わりの中で、感謝の気持ちを感じたことについて考え、発表する。	○身近な人々から支えられ続けていることに感謝の気持ちを持ち、その気持ちを相手に伝えることの大切さに気付く。	○作業製品を販売しているときの写真や動画を提示し、製品を購入している自分の家族等に着目できるようにする。 ○来てくれた家族等への気持ちを考える際は、教師とやりとりしたり、気持ちを表す語彙を提示したりし、丁寧に気持ちを引き出す。 ○インタビュー時の写真や表情イラストを提示し、教師とやりとりしながら進める。
○本時の学習内容を振り返る。 ○終わりの挨拶をする。	○自分を支えてくれる人々の善意に気付き、自分が感じた感謝の気持ちを相手に伝えることが大切であることを理解する。	○教師とやりとりしながら、発表した意見の中から感謝に関する言葉や態度を拾い上げ、具体的な場面などに考えを深めるようにする。 ○各クラスの日直の中から挙手制とし、元気に大きな声で号令をかけるよう促す。

6．指導の工夫

（1）テーマソングの活用

　本校職員が作詞作曲した祭りのテーマソングは、生徒にとって馴染み深い歌である。この曲の歌詞の中に「心と心つながる」などの言葉があり、本学習の出発点でキーワードとなる言葉として取り上げて、学習の方向性を示した（図1）。

（2）考えや気持ちの代弁的・翻訳的支援

　自分の考えや気持ちを表現することが苦手な生徒に、教師が気持ちを表す語彙などを提示して表出のきっかけを作ったり、気持ちや考えを整理してまとめたりできるようにした。

（3）ワークシートの活用

　来場者（家族、地域の人、小学校の先生や友達）のイラスト入りワークシートを作成し、気持ちを想像して考えたり、整理して書いたりできるようにした（図2）。

図1　テーマソングの歌唱

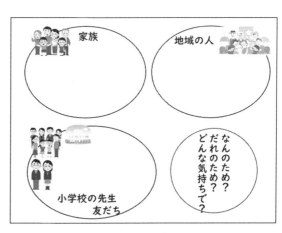

図2　ワークシート

（4）来場者にインタビューを実施

　祭り当日にインタビューを企画することで、来場した人と直接会話する機会を設ける。来場者から直接反応をもらうことで感謝の気持ちが生まれるようやりとりを支援する（図3）。

（5）インタビュー時の写真やシートの活用

　本時の学習のときに、インタビュー時の写真を見てインタビューを想起するとともに、インタビューシートを活用して振り返りやすいようにした（図4）。

図3　インタビューの様子

①だれに会いに来ましたか。

②私たちの活動はどうでしたか。

③祭りに来て，感じたことをおしえてください。

図4　インタビューシート

7．実践を振り返って（成果と課題）

　祭り前の授業では、教師が「（来場者が）祭りにどんな気持ちで来場してくれるのかな」との質問を投げかけ、話し合い活動を行った。まずは、ワークシートの「家族」「地域の人」「小学校の先生・友達」の中から、来てもらいたい人を選択できるようにした。その後、作業製品の販売やステージ発表などの写真を見ながら、来場者の気持ちを想像したり、来場した理由を考えたりするようにした。

　話し合いの中で、ある女子生徒が「小学校の先生・友達」に来てもらいたいと思い、そのイラストを選択した。そこで、教師がやりとりしながら、選択した理由について気持ちや考えを整理していった。女子生徒は、「以前はコミュニケーションが苦手だったが、（本校に）入学して少しずつ話せるようになってきた。（小学校の先生に）自分が作った製品を手渡したい」との思いを発表することができた。自分の考えや気持ちを教師と一緒に整理する中で、小学校のときの自分を振り返り、今の自分の成長を見つめ、先生に支えてもらったことに対する思いが感謝の気持ちへと繋がっていくことに気付くことができた。

　祭り後の授業（本時）では、作業製品の販売のときの写真を提示し、来場者に身近な人々が来ていたかを尋ねた。生徒は写真の人物を指し示しながら、「お母さんが来てくれていた」「小学校の先生が来てくれていた」と発表した。そのときの気持ちについて尋ねると、「お世話になっている人がいっぱい来てくれてうれしかった」や「手を振ると、笑顔で振り返してくれた」など、

図5・6　授業風景（スマートボードを使った写真への着目）

図7・8　来場者へのインタビューをもとにしたクラスごとの話し合い

いつも自分のことを考え、支えてくれる家族等が来てくれたことへの感謝の気持ちを言葉やジェスチャーで表現する様子が見られた。

　次に、各自が来場者にインタビューをした内容をまとめ、提示をした。来場者からは、「皆さんの成長が頼もしかった」や「生徒の皆さんが作った製品を買いました。一つひとつに個性があり、たくさん買いました。ありがとう」などの感想をいただいた。生徒は来場者と直接関わり、気持ちに触れたことにより、家族や地域の方々など、これまで関わりのあった人から支え続けられていることに気付くことができた。

　一方で日常生活においては、生徒は家族などの自分と関わりのある人が寄せてくれている善意に気付いたり、言葉や態度で感謝の気持ちを表したりしていることが少ないと考える。今後は、学校生活や家庭生活の具体的な場面を提示し、相手の善意に対して感謝の気持ちを持ち、「ありがとう」との感謝の気持ちを伝えるタイミングをロールプレイで体感する等、生徒の発達段階に応じて段階的に取り組んでいきたい。

事例8　生活単元学習　　　　　　特別支援学校　中学部

宿泊学習にいこう！キャンプだ！ほい！

磯山 多可子（千葉県立松戸特別支援学校）

※本稿は、筆者の前任校（千葉大学教育学部附属特別支援学校）の実践である。

主として扱う内容項目／関連する内容項目

　本授業では、主として中学校学習指導要領におけるB [主として人との関わりに関すること]の[**相互理解、寛容**]（自分の考えや意見を相手に伝えるとともに、それぞれの個性や立場を尊重し、いろいろなものの見方や考え方があることを理解し、寛容の心をもって謙虚に他に学び、自らを高めていくこと。）を扱うこととした。

1．題材について

　学部で取り組む「生活単元学習」は、年2回、2〜4週間の期間を設け、週時程で帯状に取り組んでいる。「生活単元学習」は、生徒の主体性を尊重し育てるために、一人一人の活躍の場があるとともに、誰かのために活動できる場面を設け、学部全体で協力する学習となっている。主に次のような点を取り入れ、集団づくりをしてきた。①全員が役割をもつ、②目標を決める、活動を振り返る取組、③学習ペアなどの学習集団の工夫、④社会的スキルやルールの般化、⑤自己表現（自分で選ぶ・決めるなど）、⑥発表する・伝え合う・話し合うなどの対話的な学習である。

　今回の授業は、宿泊学習に向けた単元である。『協力して宿泊学習を成功させる』のように目的が明確で、一体感や仲間意識をもちやすい。しかし実施がお互いをよく知らない時期（6月）であるため、まずは集団の基礎づくりをすることとした。自分の考え・意見を伝え合う経験や、活動を通して関わり合い、受け入れたり、相手の立場に立ったり、気持ちに共感したりする経験が、相互理解を深め他者の行動や気持ちに気づく力を育むと考えた。

　本校では、道徳の授業は、全体計画に基づき教育活動全体を通じて行っている。個別の指導計画で、個々に目標を決め評価を行っているが、いつ、どこで、どのように行っていくか細かな指導計画はまだ整っていない現状がある。自立活動（課題別グループ学習）で行ってきた授業内容がB「主として人との関わりに関すること」に含まれ、道徳的な要素があることを踏まえ、実践的、体験的に学ぶ場として生活単元学習を展開し、丁寧な評価に繋げたいと考えた。意図的に少人数での学習や集団の課題を解決するための話し合いの場を設け、今まで学んできたきまりを守る、相手の話を聞く、友達の誘い方、仲間外れはしないなど、人との関わりを円滑にする道徳的なルールを応用できればと思う。そして自分の考えや意見が伝わった、「ありがとう」と言われたことなどの成功体験が、仲間を尊重することや寛容の心と態度を共に育める集団に繋がることを期待したい。

2．対象とする生徒の実態

・中学部1年生5名、2年生3名、3年生6名の計14名（男子10名、女子4名）
・生徒の実態は、自閉スペクトラム症、知的障害、ダウン症など多様で、障害の程度も幅広い集団である。コミュニケーション面では、日常生活の簡単な会話を含む言葉の指示を理解できる生徒が10名、教師と1対1のやりとりが中心な生徒が4名である。友達との関わりは、周囲の動向や変化に関心が向きにくい生徒がいる一方、自ら近寄り、会話を楽しんだり、誘いの声をかけたりすることができる生徒が数名いる。
・2、3年生は昨年度までの経験から「チームワークを大切にする」などの仲間を意識した発言をし、集団をまとめようとする生徒もいるが、1年生は、学部での学習の少なさから友達の様子をうかがっていたり、自己表現を模索したりしている様子が見られる。
・グループ学習（自立活動）で、個々の社会性の課題に合わせて社会的ルールなどを学んできた。
・ほとんどの生徒が、やりたい活動、好きな物などを見る、指し示すなどで選ぶことができる。

3．ねらい／目標

○一人一人の意見や考えを尊重するような雰囲気の中で、共に学び、相互理解を図る。
○教師や友達との対話を通して自分の考えをもち、選んだり、決めたり、伝えたりする。

4．指導計画

時期	時間数	学習活動	指導内容
6/23	2h	全・行先や日程などを知る。 ・学級リーダーを中心に目標や係活動を決める。	・自分のやりたい係を選び、伝える。 ・リーダーは全員の意見を聞きながら平等に係を決める。過去に学んだじゃんけん、くじ引き、譲るなどを仲間に提案する。
6/26・27	4h	G・係ごとに準備をする。（実行委員、キャンプファイヤー、調理係など）	・係の一員として準備活動や当日の役割をもつ。 ・2人組を作り、関わりを受け入れたり、教え合ったり協力し合ったりして活動する。
6/28	2h	学・調理の買い物へ行く。	・状況に応じて「一緒にやろう」「手伝って」など学んだやりとりを使用しながら活動する。
6/29	4h	学・飯ごう炊さんをする。	・振り返りでは、友達のよかったところ、得意なところに気付く。
6/30～ 7/3 （本時） 7/4	6h	全・G・宿泊当日の活動を決める体験や話し合いをしてグループを作る。 ・持っていく食具を作る。	・いくつかの活動から自分のやりたい活動を選び伝える。生徒によっては選んだ理由を伝える。 ・リーダーは全員の意見を聞きながら平等に決める。相手の立場になって考え、意見を言う。 ・2～3人組になり、関わりを受け入れたり、教え合ったり協力し合ったりして活動する。
7/5～7		宿泊学習	・係活動や飯ごう炊さんなど協力して活動する。
7/10	2h	全・学・宿泊当日の写真やしおりを見ながら活動を振り返る。	・個々にしおりを完成させる。写真を貼ったり、楽しかったこと頑張ったことなどを記載したりする。

全：学部全体　G：活動グループごと　学：学級ごと

5．授業の展開

学習活動	指導内容	指導上の留意点
○集会室に集合し、椅子を出すなどの準備をする。	○始まりの音楽を聞き、学習の準備を進んで行う。	○BGMを流し、集会室に自然に集まることができるようなきっかけをつくる。 ○自分から椅子を出して準備をしたり、友達を誘ったりする様子が見られた場合は称賛し、他の生徒の動きにも繋げられるようにする。
<始めの会> ○挨拶をする。 ○「キャンプだ、ホイ!」を歌う。 ○本時の学習内容を知る。	○実行委員が会を進める。 ○実行委員がカレンダーに印をつける。 ○黒板に貼られた一覧を見ながら学習内容、場所、時間など理解する。	○2人で順番にせりふが言えるように進行表を用意する。 ○歌のイメージがもてるように身振りをつける。 ○宿泊までの期間や授業の流れが分かるような一覧表を作成し、黒板に貼る。
○学習ペアを作る。	○友達カードを使用して、2人組を作る。 ○2人組で活動することを知る。	<u>○友達の誘い方、断り方について確認する。相手の立場にも触れ、断られたときの気持ちの切り替えなどについても確認する。</u> ○最初は1年生が2、3年生の友達を誘うようする。 ○2人組になれなかった場合もどのようにするか問う。
○宿泊当日の活動を選ぶ。	○ハイキングコース（山歩き、オリエンテーリング、魚釣りなど）を体験し、選ぶ。 ○体験は2人一緒に取り組む。 ○選んだコースを全体用の黒板に貼る。	○具体物、映像、香りなどを使用し、2種のコースが疑似体験できるような空間を用意する。 ○体験のルールなどを明記したワークを作成する。 <u>○相手のペースに合わせて待ったり、歩いたりしている場面を称賛する。</u> ○自己表現の際、表出の読み取りが難しい生徒には教師が付き添い、気持ちを代替するようにする。
○食具を作る。	○スプーン・フォークにシールで装飾する。	○手順書や個々のかごを用意する。 ○友達と一緒に座り、制作するように促す。 <u>○教え合ったり、見て真似たりしている雰囲気を大事にする。</u>
<終わりの会> ○活動の振り返り ○コースの調整と決定 ○挨拶をする。	○集会室へ集まる。 ○コースを選んだ理由を発表する。 ○コース調整のときは、教師の発問に応じて自分の考えを述べる。 ○友達の考えにも耳を傾ける。 ○個々のワークにシールを貼り、決定したコースを確認する。	<u>○「○○だから選びました」のように発表の仕方を確認する。</u> <u>○リーダー的な存在の生徒は、全体を見てコースの人数比や学年のばらつきについて目を向けられるように促す。</u> ○選んだコースに人数の偏りがあった場合は、どうしたらよいか生徒と共に考える。 ○挨拶の後に進んで片付けをしている生徒を称賛し、全体で行えるようにする。

※下線は本時の道徳のねらいとなっている力（相互理解・寛容）を引き出すための主な手立て

6．指導の工夫

（1）協同学習の場として ～よりよい学びを引き出す集団を育てる～

　「よい学びはよい集団から」と考え、学部全体で時期に応じて、リーダーの育成、いろいろな学習グループの経験、協力や助け合いなどのしかけを授業の中に盛り込んだ。図1は本校中学部で前年度に行った学部で取り組む生活単元学習（H29.9）の4週間の授業計画を使用し、その中の国語や社会などの教科的な内容に取り組む授業とそれ以外の授業内容の割合を出したものである。

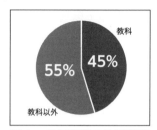

図1　単元期間の教科指導の割合

　これは本校の生活単元学習がどのようなねらいをもって実践されているのか、どのような力を身に付けることができたのかを把握するために行ったものである。その視点からみると、生活単元学習では、教科以外の内容として係、目標決めなどの話し合い活動、集団学習のルール、コミュニケーションの学習など自立活動や相手の立場にたって考える、共に学び合うなどの道徳的なねらいが含まれていることが分かった。

　生徒同士が課題に一緒に取り組み、よい影響を与え合いながら、学習の成果を生み出す協同学習の場になっていた。

（2）課題別グループ学習との繋がり

　課題別グループ学習は、小集団の活動を通して集団生活をするために必要な知識・技能や、相手に合わせる・応じるなどの個々に応じた社会性やコミュニケーションの力を育む学習として取り組んでいる授業である。S-M社会生活能力検査の結果などを参考に3つのグループに分け、週3時間程度、

①自分たちで決めた目標を記入
②目標に応じた写真を貼る
③振り返りを自分で記入（実態に応じて）
④教師のコメント

図2　学びをサポートする振り返り用ワーク

学んでいる。今回は、そこで学んだ自己表現、友達の誘い方（友達カードの使用）、話し合いの仕方などを活用し、相互理解、平等などの道徳的実践力を高められるようにした。

（3）学びをサポートする振り返り用ワーク

　しおりを兼ねて、毎日の学習の記録をファイルした。実態に応じて自分で振り返りを書いたり、写真を貼ったりした。教師からのコメントも記載する欄を設け、評価にも生かした。目標を決める際には、本時のねらいに即せるように「友達と一緒に」「友達の意見を聞く」「気持ちを伝える」などのキーワードを予め伝えておくようにした。生徒が授業終わりに活動を振り返り、自己評価をしたり、教師の評価を得たりすることは、学んだことを強化し、道徳的実践意欲を高めることに繋がると考える。

図3　自分で決めたコースが分かるように記録する

7．実践を振り返って（成果と課題）

　今回の授業は、集団生活のスタートとして取り組んだ単元だった。単元期間中に数回、2人組を作って学習したことは、友達の理解に繋がったと考えている。生徒によっては同じ友達を誘うこともあったが、「今度は○○さんと一緒にやりたい」「○○さんはこの間、一人だった」などリーダー的な存在の生徒から、仲間を思いやる言葉も聞かれた。また障害が重く、言葉でのやりとりが難しい生徒には、いくつかの選択肢の中から選ぶことで相手に自分の要求や気持ちを伝えられるようにしてきた。単元の終わりころには、他者理解に繋がり「△△さんは、こっちを長く見ているからこっちを選んだのではないか」「選ぶまで待ってあげよう」と発言する生徒も見られるようになった。宿泊学習の成功とともに集団づくりの基礎ができたように思う。

　また「考え、議論する道徳」を目指すために、いくつかの問題解決的な学習を取り入れた。実態差もあり、生徒同士で話し合いをすることはまだ難しく、教師が生徒の発言を繋ぎ、まとめにもっていく関わりが必要であった。その中でまずは、「相手の気持ちに気付くこと」「いろいろな考えがあること」について、理解し実践できた生徒がいたのは成果だった。

　このような単元全体の評価ができたのは、振り返り用ワークの存在は大きい。生徒がどの程度の目的意識をもち、どう感じ、今後どうしたいのか、個々に応じた定着度が把握できる。今後も修正を加えながら、活用していきたい。

　生活単元学習では、授業同士を合わせて指導をするという特性から、他の授業との関連付けがしやすく、各教科等で行う道徳教育の要素を反映させながら指導することができる。またある程度の期間を継続的に行うことや学習の流れやまとまりを大切にする授業づくりの特徴から、より具体的な学習活動を通して道徳的な価値を体験的に理解することができる。

　そして仲間と共に学習を進める中で、お互いに影響を与えながら、主体的に判断して学習を進めたり、粘り強く考えて解決しようとしたり、学習の振り返りから自己を見つめたりする授業構成から、道徳的実践意欲や態度を培うことができるのではないかと考えている。

図4　友達カードを渡し、学習ペアを作る場面
A「一緒にやろう」B「いいよ」とペア成立

図5　小集団で話し合いをしている場面
手元にワークがある。言葉のやりとりが難しい生徒のそばに教師が寄り添い気持ちや要求の橋渡しをする。

事例9　特別活動（学級活動）　　　　**特別支援学校　中学部**

自分のことをよく知ろう

長谷川 **智子**（東京学芸大学附属特別支援学校）

主として扱う内容項目／関連する内容項目

　本授業では、主として中学校学習指導要領におけるＡ［主として自分自身に関すること］の［**向上心、個性の伸長**］（自己を見つめ、自己の向上を図るとともに、個性を伸ばして充実した生き方を追求すること。）を扱うこととした。

1．題材について

　本校中学部では、次の６つを指導の重点課題としている。それらは、（1）自己選択・自己決定、（2）体力づくり・精神的な安定、（3）基本的な生活習慣の確立、（4）集団生活（行動）への参加、（5）社会生活への参加、（6）心豊かな生活である。本授業は「（6）心豊かな生活」の「中学部段階になると自分の好きなことや得意なことが明確になるため、それらのことをさらに増やしていくことにより、楽しく生活するための素地を養う」という課題に関連づけた。

　本校では「特別の教科　道徳」として、特設の授業は設定していないが、特別活動の「学級」の時間に必要に応じて指導している。また、日常生活の指導や他の授業においても道徳と関連した指導内容を取り上げている。本題材は生活やコミュニケーションを支援する「学級」の授業に設定した。基本的に「学級」の時間は、週に４回30分枠と週１回50分枠が設けられている。活動内容は学級によって異なり生徒の実態に合わせて、主に対人関係に関することや体力づくりを扱っている。

　中学生の時期、生徒は「友達と自分はここが違う」「私は周りからどう思われているのか」など、他者と自分を比較して、自身を認識するようになる。実際の生徒の姿からも他の生徒を意識して行動するようになってきたと見て取れる。そうした変化によって、他者との比較や競争での優越感、劣等感を感じ、気持ちが不安定になりやすい。以上のことから、自分のよいところを知り、成功体験の積み重ねによって「自分」を肯定的に捉えていくことが大切であると考えた。自分の得手不得手の気付きを広げていくためには「他者」の存在が重要である。さらに、自分のよさを生かすことで、自分らしさを発揮しながら調和のとれた自己を形成していくことにも繋がっていく。

　本題材を通して、生徒が自分自身をより理解し、肯定的に捉える一助となることを期待している。

2．対象とする生徒の実態

・中学部2年生の生徒7名

・知的障害、自閉スペクトラム症、ダウン症等の生徒たちで構成され、障害の程度や学習特性も多様であり、幅広い発達水準の生徒が在籍している。

・幼稚部からの内部進学者3名と中学部からの外部進学者4名の発達水準に差がある。

・前時に自分に関することをワークシートにまとめた際、悩まずにワークシートを全て埋めた生徒もいれば、部分的に空欄にする生徒もいたように、自己理解が進んでいる生徒もいればそうでない生徒もいる。

3．ねらい／目標

○自分のよさに気付き、自分のよいところを伸ばそうとする気持ちをもつ。

4．指導計画

時期	時間数	学習活動	指導内容
10/24	1h	・自分に関することをワークシートにまとめる。	・自分の特徴について考え、整理する。
10/25 (本時)	1h	・自分に関することを発表する。 ・友達から見た自分について教えてもらう。	・他者により自分では気付かなかった自分のよさに気付く。

5．授業の展開

学習活動	指導内容	指導上の留意点
○始まりの挨拶をする。 ○前時の学習活動を振り返る。	○授業の始まりを意識する。 ○前時の学習を思い出す。	○姿勢を正しているか確認する。 ○前時に使ったワークシートを見るように伝える。
○自分に関することを整理したワークシートを一人ずつ前で発表する。 ○1人が発表した後に、他の生徒が発表した生徒のよさについて発言する。 ○前の2つの活動を全生徒について繰り返し行う。	○自分に関することを相手に分かりやすく伝える。 ○気付いていない自分のよさに気付く。	○ST 1はワークシートに整理した内容と関連する写真をテレビ画面に映す。 ○ST2は出た意見を短冊に書く。 ○MTは短冊とそれが分かる写真を黒板に貼る。 ○ST1は意見が出ない生徒に、想起させるような声かけをする。 ○MTは意見が出なかったとき、発問と関連する写真を提示する。 ○1人当たり5分を目安に行う。
○1人ずつ感想を発表する。 ○終わりの挨拶をする。	○本時の学習を振り返り、自分のよいところを伸ばそうとする気持ちをもつ。 ○授業の終わりを意識する。	○生徒によって選択肢を提示する。 ○姿勢を正しているか確認する。

6．指導の工夫

（1）整理しやすいワークシート

　『心のノート　小学校3・4年生』（文部科学省）を参考にして（図1）、自分の特徴を整理するワークシート（図2・3）を作成し、使用した。生徒の実態に適した内容の項目と数を設定し、書くスペースを広くした。また、書字が難しい生徒に対しては写真やイラストを選択して貼ってもよいこととした。

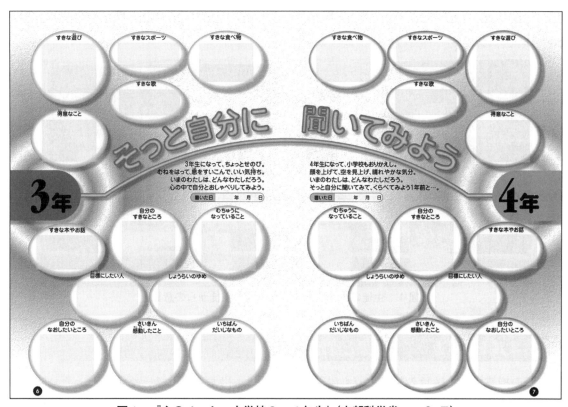

図1　『心のノート　小学校3・4年生』（文部科学省、p. 6-7）

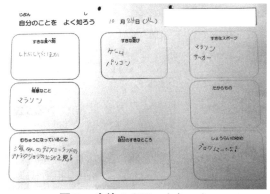

図2　生徒Aのワークシート

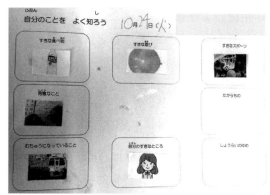

図3　生徒Bのワークシート

（2）写真や画像の提示

　言語の理解や表出に難しさのある生徒のために、ワークシートに整理したことに関連する画像や発言の助けとなる写真を予め用意した。その他、画像や写真をテレビ画面で映したり、プリントアウトした写真を黒板に貼ったりして視覚的に提示した。

（3）板書の仕方

　生徒の顔写真や短冊を黒板に貼り、生徒が視覚的に情報を整理しやすいように配置した。具体的には、生徒の顔写真の周りに、その生徒のよさが書かれた短冊とそれに関する写真を並べた（図4）。また、生徒によって偏りが出ないように、生徒のよさを黒板に提示する数は3つに限定した。

図4　生徒のよさを表す写真と他の生徒からの意見

7. 実践を振り返って（成果と課題）

　実際の授業では、教員の想像よりも生徒の意見を引き出すことはできなかった。その要因として、生徒は普段から友達との関わりがあっても、友達のよさを考えたり表したりする機会が少なかったからであると考えられる。しかしながら、教員が用意した写真をきっかけに生徒は他の生徒のよさを発表することができた。そして、生徒たちは他の生徒たちから自分のよさについて聞くと、うれしそうな表情になった。よって、自分では気付かなかった自分のよさに気付くことは生徒の自信にも繋がっていくと考える。

　本授業を通して、自分の得意なことに気付き、空欄にしていた将来の夢を新たに記し話す生徒もいた。生徒Aは他の生徒から「パソコンが上手」であることや「プログラミングが得意」であることを聞いて、将来の夢に「プログラマー」と授業の最後に書き加えた。本授業によって、生徒は自分自身をより理解し、肯定的に捉えることができたと考える。

　今後の課題としては、日常的に教員が生徒のよさを話題にして、生徒が普段から自分や友達のよさに気付く時間をもつことが大切であると推考する。

事例10　特別活動　　特別支援学校　中学部

食育 ～「生命をいただく」を考える～

山崎 智仁（富山大学人間発達科学部附属特別支援学校）

主として扱う内容項目／関連する内容項目

　本授業では、主として中学校学習指導要領におけるD［主として生命や自然、崇高なものとの関わりに関すること］の［**生命の尊さ**］（生命の尊さについて、その連続性や有限性なども含めて理解し、かけがえのない生命を尊重すること。）を扱うこととした。

1．題材について

　本校では、教育課程に道徳科としての指導時間を位置付けておらず、各教科等、領域別の指導、各教科等を合わせた指導の中で道徳教育を行う場面を設け、その趣旨を押さえている。

　生徒たちは普段食べている食肉が牛や豚、鶏の肉ということは知識として理解できている。しかし、食肉になる前には生き物であったことを理解できていなかった。それは魚や野菜などでも同様である。このように今まで食物から「生命」をいただいていることを学ぶ学習機会がなかったためか、生徒たちは食物への感謝の気持ちが弱く、苦手な給食を事前に減らすように提案しても「食べたい」と言って、結局はほとんど残すというような姿が見られた。そこで、本題材では、このような生徒たちの実態を踏まえ、食物から「生命の尊さ」を学ぶ学習活動を設けることで、食物への感謝の気持ちを高め、食品ロスの軽減に繋がるように取り組むことを考えた。

　本題材を通して、命の尊さや食物への感謝の気持ちを理解し、日々の食事に感謝をしたり、食品ロスがなくなるにはどうしていくべきかを自ら考えたりできるようになることを期待している。

2．対象とする生徒の実態

・中学部1～3年生の生徒13名（中学部全生徒18名）
・本単元の開始前に課題（図1）を5問行った。これは、その食品が何からできているかを理解できているか測るためである。課題は、特定の食物とその基となったものを3つの選択肢の中から選ぶといった内容である。課題とした食物は、①牛肉、②刺身、③コーン、④ソーセージ、⑤パイナップルの缶詰（輪切り）である。課題が全て正答であった生徒を対象生徒とし、課題に誤りがあった生徒は柳川教諭（p.90、事例11）の実践にて食品が何からできているかを

理解したり、食物の命について学習したりする。

・知的障害、自閉スペクトラム症などの生徒たちで構成され、障害の程度や学習特性が多様で幅広い発達水準の生徒が在籍している。

・偏食があり多くの給食を残す生徒、自分の好みを理解できておらず「食べる」と言って給食を残す生徒、初めて見る食品に不安を抱き、食べる前から「苦手」と言う生徒、食べることが好きでよく噛まずに一気に飲み込もうとする生徒など、食事に関して様々な生徒の姿が見られる。

・生徒たちの食物への感謝の気持ちは弱く、食事の挨拶を適当に行う姿が見られる。

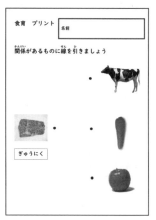

図1　理解度を問う課題

3．ねらい／目標

○食物には全て生命があったことを知り、食物の生命をいただくことで自分たちが生きていることが分かる。（知識・技能）

○食物となった生命のことを考え、食物に感謝の気持ちをもつことができる。（思考・判断・表現）

○食物への感謝の気持ちから、食物を大切にしたり食品ロスを防いだりするにはどうすればよいかを考えることができる。（学びに向かう力、人間性等）

4．指導計画

時期	時間数	学習活動	指導内容
6/22	1h	・「牛」について想起し、発表する。 ・「牛肉」について想起し、発表する。 ・牛がどうやって牛肉になるのかを考え、発表する。	・過去の経験から「牛」について想起する。 ・過去の経験から「牛肉」について想起する。 ・牛がどうやって牛肉になるのかを考える。
6/29 （本時）	1h	・写真絵本『うちは精肉店』の読み聞かせを聞き、「と畜」について知る。 ・読み聞かせの感想をワークシートに記入し、発表する。 ・「牛肉」をこれから食べたいか、食べたくないかを考え、発表する。	・「と畜」や「と畜を仕事とする人」について理解を深める。 ・「と畜」や「と畜を仕事とする人」について、自分の考えをまとめる。 ・「と畜」について理解を深めた上で、「牛肉」を食べたいか、食べたくないか、自分の考えをまとめる。
7/6	1h	・「牛肉」以外の食物も、食物になる前は生き物であり、その命をいただいていることを知る。 ・絵本『いのちをいただく』の読み聞かせを聞き、食物への感謝の気持ちを高めたり、「いただきます」「ごちそうさま」の意味を知ったりする。 ・食事をするときにこれからどんなことを考えたいかを考え、発表する。 ・食品ロス防止のためにできることを考え、発表する。	・食物が生きていたことを知り、自分たちは生きるためにその生命をいただいていることを理解する。 ・食物への感謝の気持ちを高めたり、「いただきます」「ごちそうさま」の意味理解を深めたりする。 ・今までの学習を踏まえ、食物や食事への自分の考えをまとめる。 ・食品ロス防止のために自分ができることを考える。

5. 授業の展開

学習活動	指導内容	指導上の留意点
○始まりの挨拶 ○前時の学習を振り返る。	○挨拶をする。 ○前時に「牛」について想起し、発表したことについて振り返る。 ○前時に「牛肉」について想起し、発表したことについて振り返る。 ○牛がどうやって牛肉になるのかについてどのような意見が出たかを振り返る。	○挨拶係が号令をする。 ○前時に生徒たちが発表した内容を掲示することで前時を振り返りやすくする。
○写真絵本「うちは精肉店」の読み聞かせを聞き、「と畜」について知る。	○読み聞かせを聞いて、「と畜」について理解を深める。	○写真絵本がプロジェクター大画面で見られるように、タブレットPCのカメラ機能を使う。
○読み聞かせの感想をワークシートに記入する。 ○感想を発表する。	○読み聞かせを聞いて感じた気持ちをワークシートの中から選び、その理由を書く。 ○自分が選んだ気持ちとその理由を話す。	○ワークシートに様々な気持ちを表したイラストを載せておき、選べるようにしておく。 ○生徒の感想を大切にし、どのような発言も受け入れるようにする。
○「牛肉」を食べたいか、食べたくないかを発表する。 ○終わりの挨拶	○「と畜」を知り、今後、牛肉を食べたいか、食べたくないかを考えたり、話したりする。 ○挨拶をする。	○生徒の意見を大切にし、どのような発言も受け入れるようにする。 ○挨拶係が号令をする。

6. 指導の工夫

（1）日常生活から想起してもらう

　知的障害児は、想起したり想像したりすることに苦手さがある子供が多い。そのため、「牛がどうやって牛肉になるのか」についていきなり尋ねても、想像することが困難で学習活動への関心が薄まると考えた。そこで、校外学習で目にしたことのある「牛」と日常的に食べている「牛肉」について、1時間目に想起したことをたくさん話し合う時間を設けた。そして十分に話し合ったところで「牛がどうやって牛肉になるのか」の疑問を提示した。「牛」と「牛肉」について十分に想起していたことで、生徒たちは改めて「どうやって牛肉になっているのだろう」と疑問をもち、「乳を絞ると出る」「お腹から手で取る」といった様々な意見が出た（図2）。

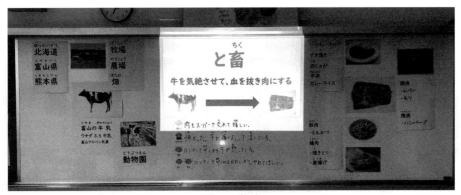

図2　板書

（２）教材の選定

　本単元では、写真絵本『うちは精肉店』（写真・文 本橋成一，2013，農山漁村文化協会：図３）と絵本『いのちをいただく』（原案 坂本義喜，作 内田美智子，絵 魚戸おさむとゆかいななかまたち，2013，講談社：図４）を教材として使用した。これは知的障害の特性ゆえに言語理解に困難を抱える生徒が多く、年齢相応の道徳の資料では、登場人物の心情や場面状況の把握を行うのに困難が伴うためである。『うちは精肉店』では、牛が「と殺」され、牛肉や太鼓になるまでの写真が掲載されている。そのため、文章やイラストで説明をするよりも「と畜」について理解を深めることができた。また、写真はモノトーン調に加工してあるため、写真を見て気分が悪くなる生徒の姿は見られなかった。『いのちをいただく』では、「と畜」に関わる人物や牛に焦点を当てた物語が描かれており、食物の生命をいただくことで自分たちが生きていること、食物に感謝することの大切さなどが分かることができた。そのため、読み聞かせを聞いた後には「と畜」は生きていくために必要なことであり、悪いことだと考える生徒の姿は見られなかった。

図３　写真絵本
『うちは精肉店』

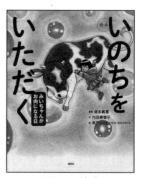

図４　絵本
『いのちをいただく』

（３）他の学習活動と関連させ、継続して道徳指導を行う

　本単元後、給食終了時に中学部各学級の残飯量調査を開始した（図５）。生徒たちは、給食を終えると残飯が入った食缶を計量器まで運び、量を計測している。残飯量を計測することで、生徒たちは改めて毎日どれほどの残飯を出しているかに気付くことができた。生徒から「牛が可哀想だね」「ごめんなさい」といった声が聞かれ、食物となった生命について学ぶ機会となっている。また、残飯量が減るようにと苦手な食べ物にも挑戦する生徒の姿も見られるようになった。計測した残飯は生ゴミ処理器に入れ、肥料になるよう加熱処理している。加熱処理した残飯は、作業学習の時間にリサイクル班の生徒が土に混ぜ込み、培養土にしている（図６）。食べ物が土に還ることも知らなかったようで、食物連鎖の仕組みや生命が循環していることを学ぶきっかけとなった。また、情報（職業・家庭）の時間に計測した残飯量から月の平均残飯量を算出し、その結果を

図５　残飯量調査

図６　培養土作り

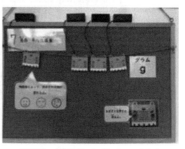

図７　掲示した「micro:bit」

生徒がプログラミングツール「micro:bit」にLEDで表示している（図7）。加えて、先月の平均残飯量と比較し、残飯量が減った喜びや増えた悲しみをLEDの発光による絵文字や音楽にて表現し、食物や生命の大切さを学ぶとともに、他学部や保護者にその思いを伝えようとしている。

7. 実践を振り返って（成果と課題）

　「牛がどうやって牛肉になるのか」について生徒に尋ねると、ほとんどの生徒が「乳を絞ると出る」「お腹から手で取る」といった回答を行い、「と畜」について理解できている生徒は数名であった。「牛肉」が「牛」からできていることは分かっている生徒たちではあるが、今まで考えたり学習したりする機会がなかったのであろう。「生命をいただいている」という学習は今後も必要だと感じた。

　学習を通し、「と畜」について理解したときには、多くの生徒が牛を「可哀想」と言い、と畜を行う関係者に対して怒りを表した。一方、美味しい牛肉を食べるためには仕方がないといった意見を話す生徒の姿も見られた。両者に十分に話してもらった上で、今後牛肉を食べたいか、食べたくないかを尋ねると、さっきまでひどく怒っていた生徒たちは一斉に静まり返った。これは、自分たちが牛肉を食べるには「と畜」が必要であることに気付いたからだと思われる。そして、改めて生徒らに質問を行うと、9割の生徒が「食べたい」と答えた。理由を尋ねると「美味しいから」「栄養になるから」といった意見が聞かれた。一方、「食べない」と答えた生徒に理由を尋ねると「マイクラ（Minecraft）だと牛は殺せるけど、実際は駄目。可哀想」とゲームと現実を比較して話す姿が見られた。その後、生徒らに牛肉以外のものを食べたらどうかと尋ねると、生徒は「豚肉」や「魚」など様々な食物の名前を挙げた。そして名前が挙がるたびに他の生徒が、その食物も食物になる前には生きていたのではないかと指摘していった。最後に「お菓子を食べればいい」と意見する生徒もいたが、ポテトチップスを例に何からできているかを想像してもらうと自分たちが多くの生物の生命をいただいて生きていることに気付いていった。そして、生命をいただかないと自分たちが生きていけないこと、「いただきます」の意味、食物に感謝する理由などが分かったようであった。

　本単元後、給食時に苦手な牛丼が出てきて、食べる前から「いらない」と言っていた生徒に本単元の内容を思い出してもらうと、「少しだけ食べてみようかな」と苦手な食物に挑戦する姿が見られた。また、残飯量調査では毎日率先して残飯量を測り、残飯量が多いときには教師と一緒に「ごめんなさい」と言い、残飯が少ないときには「良かったね」と手を叩いて喜ぶ特定の生徒の姿が見られるようになった。このことから、少しずつではあるが生命の尊さや食物への感謝の気持ちが根付いてきていることが考えらえる。

| 事例11　特別活動 | 特別支援学校　中学部 |

給食ありがとう！

柳川 公三子（富山大学人間発達科学部附属特別支援学校）

主として扱う内容項目／関連する内容項目

　本授業では、主として中学校学習指導要領におけるB［主として人との関わりに関すること］の[**思いやり、感謝**]（思いやりの心をもって人と接するとともに、家族などの支えや多くの人々の善意により日々の生活や現在の自分があることに感謝し、進んでそれに応え、人間愛の精神を深めること。）と、D［主として生命や自然、崇高なものとの関わりに関すること］の[**生命の尊さ**]（生命の尊さについて、その連続性や有限性なども含めて理解し、かけがえのない生命を尊重すること。）を扱うこととした。

1．題材について

　生徒たちは、給食や家庭での食事で魚料理を食べている。それは、切り身の焼き魚や衣のついたフライなどが多い。水族館や図鑑で目にする魚とは見た目が異なるため、生徒たちは海や川などで泳いでいた魚を食べているという認識があまりない。また、魚料理が苦手で食べ残す生徒もいる。

　本題材では、給食で食べている魚料理について、材料の魚を捕るところから給食のおかずとして生徒たちのもとに運ばれてくるまでのプロセスに触れる。その際、生徒たちが分かりやすいように、漁のYouTube動画や、実際の卸業者による魚の搬入場面、調理員による調理場面の録画映像を提示する。さらに生徒たちが興味をもち、注目しやすいように、漁師に変装した教師が目の前で魚をさばく実演をする。一匹丸ごとの魚が頭や内臓を取り除かれて切り身になる様子を実際に見ること、その切り身を実際に焼き、給食で食べた焼き魚と同じ状態になったことを確認することで、普段給食で食べている魚料理は、生きていた魚をさばいて作っていることが分かるようにする。

　本題材を通して、生きていた魚に対する「（生命を）いただきます」という感謝の気持ちや、卸業者、調理員などに対する「（作ってくれて）ありがとう」という感謝の気持ちで給食を食べられるようになることをねらいとする。加えて、食べ始める前に苦手なものを伝えて量を減らし、なるべく残さないで食べられることを期待している。

2．対象とする生徒の実態

・本単元実施にあたり、普段食べている魚や肉などの食べ物が何であるかという知識の有無を捉えるための課題を設定し、その結果を基に山崎教諭（p.85、事例10）の実践と2つのグルー

プに分かれて実施した。具体的には、①牛肉、②刺身、③コーン、④ソーセージ、⑤パイナップルの缶詰（輪切り）の５問について、三者択一で回答（図１）し、１問以上不正解があった５名が本グループ（Ｂグループ）に所属している。

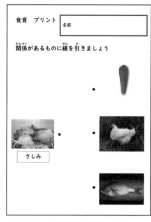

図１　理解度を問う課題

・知的障害、自閉スペクトラム症、ダウン症等の生徒たちで構成され、障害の程度や学習特性も多様である。

・味覚や嗅覚に過敏性を抱える生徒や、咀嚼や嚥下機能に問題を抱える生徒もいるが、食べ始める前に自分から量を減らしてほしいと要請することが難しく、給食で食べ残すことがある。

・家庭での食事は、自ら進んで食べられる物が中心である。

3．ねらい／目標

○給食で食べている魚（ししゃも、あじ）がどうやって給食に出ているのか、魚がいた場所や獲った人、運んでくれた人、調理してくれた人の存在や苦労などを知る。（知識・技能）

○魚や給食作りに携わった人に「ありがとう」という感謝の気持ちを表すにはどうしたらよいか考え、できるだけ残さないよう大切にいただくことが分かる。（思考・判断・表現）

○釣ったばかりの一匹のあじがどうやって給食に出てきたのか、興味をもって調理の実演を見ることができる。（学びに向かう力）

○給食に出されている魚は、海や水族館で見たことのある魚と同じ、生命あるものであったことを知り、「ありがとう」という感謝の気持ちをもち、食べ残さないようにしようとすることができる。（知識・技能、思考・判断・表現、学びに向かう力）

4．指導計画

時期	時間数	学習活動	指導内容
6/15	1h	○「ししゃもの変わり焼き」はどうやってできるのか知る ・その日の給食で食べた「ししゃもの変わり焼き」は、「ししゃも」という魚の料理であることを知る。 ・ししゃも漁や魚の卸業者の人がししゃもを入荷する様子、調理員が調理している様子の動画を視聴する。 ・「ししゃもの変わり焼き」クイズ（二者択一）に答える。 ・どうしたら「ししゃもの変わり焼き」を作ってくれた人たちに喜んでもらえるか考える。 ・ししゃもが苦手な場合には、食べ始める前に減らすことで残さないで食べられることを知る。	・「ししゃもの変わり焼き」とししゃもの画像を提示し、ししゃもという魚の料理であることを知らせる。 ・漁師や卸業者、調理員など、たくさんの人が「ししゃもの変わり焼き」づくりに携わり、頑張ってくれていることを知らせる。 ・海で泳いでいたししゃもの生命をいただいていることに気付かせる。 ・「ありがとう」という感謝の気持ちで、できるだけ残さないで食べることで、漁師や卸業者、調理員、ししゃもに喜んでもらえることを知らせる。 ・ししゃもが苦手な場合は、食べ始める前に苦手であることを伝え、減らしてもらうことで、残さないで食べられることを知らせる。

6/22 (本時)	1h	○「あじの塩焼き」づくりを見よう! ・その日の給食で食べた「あじの塩焼き」は、「あじ」という魚であることを知る。 ・あじを釣る様子の動画を見る。 ・あじを調理し、切り身にする実演を見る。 ・「あじの塩焼き」を作る様子を見る。 ・切り身になったあじを焼くところを見る。	・「あじの塩焼き」と「あじ」の画像を提示し、切り身と一尾の違いに気付き、「あじの塩焼き」の作り方に興味がもてるようにする。 ・実際に「あじ」を釣っていた漁師が登場し、登場した漁師が釣ったばかりのあじをさばいて切り身にしたり、切り身になったあじを焼いて塩焼きを作ったりすることで、生きていた魚をいただいていることを実感できるようにする。 ＊新型コロナ感染症予防対策のため、生徒が調理、試食することはせず、見学とした。
7/6	1h	○魚の生命を大切に「ありがとう」の気持ちで残さず食べるようにしよう! ・クイズや動画を振り返り、生きていた魚の生命をいただいていることや、漁師や卸業者、調理員など多くの人が一生懸命に働いてくれたことを思い出す。 ・どうしたら「ししゃもの変わり焼き」や「あじの塩焼き」を作ってくれた人たちに喜んでもらえるか考える。 ・魚が苦手な場合には、食べ始める前に量を減らし、残さないで食べるようにするとよいことを知る。	・海で泳いでいた魚の生命をいただいていることや、漁師や卸業者、調理員など、たくさんの人が「ししゃもの変わり焼き」や「あじの塩焼き」づくりに携わり、頑張ってくれていることを確認する。 ・「ありがとう」という感謝の気持ちで、できるだけ残さないで食べることで、漁師や卸業者、調理員に喜んでもらえることに気付かせる。 ・食べ残して廃棄することは良くないが、無理して食べるのではなく、食べ始める前に苦手であることを伝えて量を減らしてもらい、残さないで食べるとよいことを知らせる。

5．授業の展開

学習活動	指導内容	指導上の留意点
①今日の給食で食べた「あじの塩焼き」の話を聞く。 ②「あじ」と給食の「あじの塩焼き」の画像を見比べる。 ③あじを捕る様子の動画を見る。 ④「あじの塩焼き」を作る様子を見る。 ・あじを調理し、切り身にするところの実演を見る。 ・切り身になったあじを焼くところを見る。 ⑤「あじの塩焼き」ができるまでを振り返る。	○「あじの塩焼き」は、「あじ」という魚でできていることを知らせる。 ○「あじの塩焼き」と「あじ」の画像を提示し、切り身と一尾の違いに気付き、「あじの塩焼き」は「あじ」という魚から作られていることを知らせる。 ○あじを釣っている動画を提示し、あじは海にいることを知らせる。 ○漁師に扮した教師があじをさばく実演をする。 ○一匹のあじが、切り身の状態になるところを見せ、普段食べている切り身は、海で泳いでいた魚であることに気付かせる。 ○切り身になったあじを焼き、給食で食べた「あじの塩焼き」と同じ状態になるところを見せる。 ○海で泳いでいたあじが調理され、切り身になり、給食の「あじの塩焼き」になっていることを確認する。 ○生きていた「あじ」や、捕ってくれた漁師、調理員に対する「ありがとう」の気持ちがもてるようにする。	○本授業の直前に食べた「あじの塩焼き」を題材にすることで、より興味をもちやすくする。 ○食卓やスーパーで見る「あじ」は切り身の状態であることが多いことが予測されるため、「あじ」は一匹の魚であることを知り、興味がもてるようにする。 ○漁師に扮した教師が登場し、漁師から動画を見せてもらうという設定にすることで、興味・関心がもてるようにする。 ○登場した漁師があじをさばく実演をすることで、興味をもって注目できるようにする。 ○目の前で一匹のあじが、給食で食べた切り身の状態になるところを見せることで、生きていた魚をいただいていることを実感できるようにする。 ○新型コロナ感染症予防対策により、生徒が調理し、試食することができないため、実演を見学することとした。 ○動画や写真、出来上がった「あじの塩焼き」を提示し、生きていた「あじ」をいただいていることを実感しやすいようにする。 ○漁や調理の場面の写真を提示し、振り返りを促す。

6．指導の工夫

（1）身近な題材を用いる

　給食という身近な題材を用いることで、授業で知ったことや考えたことを実際の生活場面に反映しやすいようにした。それは日々の継続的な学習や振り返りに繋がりやすく成果が期待できると考える。

（2）実演を通じた学び

　感謝の気持ちや生命の尊さという目に見えないものについて考えたり、実感したりすることが難しい実態に対応するため、動画だけでなく生徒の目の前で魚をさばく様子を実演することで、興味をもち、注目しやすいようにした。

卸業者によるあじの搬入

調理員があじの塩焼きを作る

あじを焼く動画を視聴

漁師役の教師があじをさばく実演

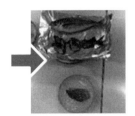
一匹のあじと切り身を並べて提示

図２　あじの搬入から切り身との比較まで

7．実践を振り返って（成果と課題）

　中学部全体で食育をテーマに取り組むこととなり、Aグループ（p.85、事例10）と2つのグループに分かれて授業を行った。本グループでは、生徒の認知特性や発達段階に考慮し、実際に授業の直前に食べた給食のメニューを題材に取り上げた。また、漁や釣りの動画、卸業者によるししゃもやあじの搬入や調理場面の動画など、実際の映像を用いたり、生徒の目の前で釣ったばかりの一匹丸ごとのあじをさばいて切り身にし、焼いて実演したりして、生徒自身が多くの人の労働により魚料理をいただいていることや、生きていた魚の生命をいただいていることが分かりやすいように工夫した。その結果、自分の言葉で「『ありがとう』（の気持ち）で食べる」「残さない」と答えた生徒や、「残したら、調理員さん、うれしい？悲しい？」の二者択一の問いに対して「悲しい」と答えた生徒がいた。

　いただいた生命を大切にするという観点では、「残さずに食べる」ということがあるが、生徒の中には、味覚や嗅覚の過敏があり苦手な食材が多い生徒や、咀嚼に問題を抱え食事に時間がかかる生徒がいる。その場合は、無理をして食べることを目指すのではなく、予め苦手であることを伝え、食べる量を減らしてもらえるように要求することが大切であることを学習した。その結果、給食時に自分から「半分にしてください」「少なくしてください」などと伝え、少量を完食できるようになった生徒がいた。

　今回の学習内容と給食時の成果を保護者に伝えたところ、自分の要求を伝えた上で、少量でも苦手な物を食べていることを喜ぶ保護者があった。一方、家庭では子供が無理なく食べやすい物を食事に出してしまうという家庭もあった。家庭でも、食事を作ってくれた人への感謝や、食べ物やその生命に対する感謝を伝え合う機会が増えるよう働きかけていく必要があると思われる。

事例12　生活単元学習　　　　　　　　　**特別支援学校　高等部**

すてきな大人になるために

内田 考洋（埼玉県立総合教育センター）

内田 考洋（埼玉県立総合教育センター）

主として扱う内容項目／関連する内容項目

　本授業では、主として小学校学習指導要領におけるB［主として人との関わりに関すること］の内容を全般的に扱うこととした。

1. 題材について

　本学習グループは、肢体不自由特別支援学校の高等部類型Ⅲの教育課程（知的障害特別支援学校の教育内容を参考にした教育課程）である。授業を行った時点では、教育課程上に道徳の授業は設けておらず、本稿で紹介する内容は生活単元学習の中で単発的に行った授業である。生活単元学習は2時間続きの授業を週に1回行っている。年間の指導計画に基づいて、指導グループの教員で分担しながら、授業内容を検討している。2学期の内容を例に挙げると、文化祭に向けた取組や、選挙についての学習、お楽しみ会などを行った。

　その中で2回、今回の内容に関する授業を計画して実施した。1回目は「身だしなみ・あいさつ」で、2回目が「人との関わり方」とした。行った授業の内容は、どちらかというとソーシャルスキルトレーニングに関するものであり、道徳とは本質的に違う。しかしながら授業の中で自分の考えを言葉にしたり、友達の意見を聞いたりする対話的な学びの場面を多く設定した。生徒は自分の考えを言葉にして発表することや、友達の違った考え方に触れることなどを通して、自分自身を見つめなおすことができた。そういった点では道徳教育と関連することも考えられる。生活上の具体的な場面で、自分自身が他者との関わりの中でどのようにありたいか、またはあるべきか考えを深め、よりよい生き方を自分なりに追求することへと発展することをねらいに迫ることもできた。

2. 対象とする生徒の実態

・肢体不自由特別支援学校高等部類型Ⅲの教育課程で学ぶ1年生から3年生までの12名を対象とした。脳性まひによる四肢体幹機能障害と知的障害を併せ有する生徒たちである。

・アセスメントによる発達年齢はおおよそ、3歳から12歳以上と幅が広い。気管切開をしている生徒以外は言語によるコミュニケーションが可能である。「どこ、なに」などの簡単な質問に答えることができる生徒から、目的や意図に応じて考えたことを的確に伝えたりできる生

徒までいる。気管切開をしている生徒も、iPad の VOCA アプリを使って意思を表出し、教員とコミュニケーションをとることができる。

・教員との関わりが多く、友達に積極的に話しかけることが苦手な生徒もいる。また自分の気持ちを一方的に伝えてしまう傾向がどの生徒にもあり、自分を客観視したり、他者の意図を考えながら行動したりすることは難しい場合がある。

3. ねらい/目標

○人との気持ちのよい関わり方について理解し、日常生活について意識できるようにする。
○現場実習や卒業後の自分をイメージして、よりよい生活を送ろうとする気持ちになる。

4. 指導計画

時期	時間数	学習活動	指導内容
9／5	2h	・挨拶の仕方や身だしなみについて意識する。 ・パーソナルスペースについて知る。	・スライドを用いて、生徒が自分のふるまいについて考えたり、意見を言ったりする機会を設ける。 ・パーソナルスペースについて生徒が体験的に学べるようにする。
11/28 (本時)	2h	・人との正しい関わり方について知る。 ・グループで話し合いや発表をする。	・スライドを使ってクイズ形式で、人との関わり方について教える。 ・「正しい人との関わり方」について、教員のロールプレイングを見せて、意識させる。 ・場面ごとに友達同士で意見交換をし、今度は生徒同士で演じる。

5. 授業の展開

学習活動	指導内容	指導上の留意点
○始まりの挨拶 ○前時までの振り返り、本時の学習内容を知る。	○日直に号令をお願いする。 ○前回の学習内容を振り返る。	○正しい姿勢で挨拶ができるように生徒に声かけする。 ○前回の授業を振り返るように話をし、数名の生徒にも発言を促す。 ○ iPad で前回の授業の写真や動画などを見せて振り返らせる。
○コミュニケーションについて意識する。 ○スライドを見て、前回の学習を振り返ったり、深めたりする。	○「コミュニケーションってどんなこと?」とはじめに投げかけ、数名の生徒に自分の考えを言ってもらう。 ○スライドを用いて以下の内容の話をする。 1.「きもちのよいふるまい」について、あいさつの仕方を中心に話す。 2.「れいぎ」について、食事など日常の場面を例に上げてクイズ形式で話をする。 3. お年寄りや小さな子供に対する接し方についてアニメーションを見せて、あたたかい心で親切に接することの大切さを教える。 4. 身だしなみについてアニメーションを用いて話をする。	○発表できそうな生徒に発言を促し、クラス全体の雰囲気を作るようにする。 ○スライドはオリジナルのものを用いて、生徒の興味・関心や理解を促すことのできる提示をする。クイズ形式で生徒たちに問いかけ、主体的な参加を促す。 ○生徒の実態に応じて、一人1台の iPad を用意して目の前でスライドなどが見られるようにする。

○教員のロールプレイングを見る。	○以下の3つの場面を教員数名で演じる。 場面①「先生の話が聞こえなかった」 　授業の終わりに明日の持ち物を言った先生の言葉が聞こえなったときの、2人の生徒のそれぞれ違う対応を見せる。 場面②「みんな忙しそうだけど…」 　友達が忙しそうにしているときの話しかけ方について、2通りの対応の仕方を見せる。 場面③「ものさしを忘れてしまったけど…」 　忘れ物をして友達に借りる際の言葉使いについて、2通りの対応を見せる。	○教員のロールプレイングに注目できるように、生徒の姿勢に気を付けたり、必要な声かけをしたりする。 ○場面ごとに全体に対して補足などをして生徒の反応を見る。
○グループで話し合いをする。 ○グループで発表する。	○上記の3つの場面の中から1つ場面を選択して、3名程度のグループで話し合いを行ってもらう。 ○「正しいふるまい方」について、グループで話し合った内容を演じる。（発表）	○各グループが選んだ場面を必要に応じてもう一度見せるなどして意識ができるようにする。 ○発表しやすいように雰囲気をつくり、生徒たちの発表を称賛する。
○今日の内容を振り返る。 ○終わりの挨拶	○授業の内容を振り返るように話をするとともに、生徒たちの活動を称賛する。 ○可能な限り、一人一人の生徒に感想を聞く。 ○日直に号令をお願いする。	○正しい姿勢で挨拶ができるように生徒に声掛けする。

6．指導の工夫

（1）生徒たちの伝え合う力の育成を目指して

　本グループの生徒たちに共通する目標としてコミュニケーション力の向上があり、グループとしての年間目標として設定している。『障害の重い子供の目標設定ガイド』（徳永豊，2014，慶應義塾大学出版会）を用いて、生徒たちの「聞くこと」や「話すこと」に関するアセスメントを年度はじめに行い、それをもとに一人一人の具体的な目標を設定している。それらを指導グループの教員で共通理解し、様々な授業において取り入れるように工夫している。今回の題材についても、生徒が自分の意見を言ったり、友達の話を聞いたりする活動に重きを置き、例えば「自分の経験を3語文程度で伝える」や「相手の意図を考えながら話を聞いたり話したりする」など、個々の実態に応じた細かい目標を設定して授業を行った。

（2）身近な生活場面を題材に

　授業では、「先生に話しかけたい」「友達に物を借りたい」など、学校生活の中でよくある場面を取り上げて、人との好ましい関わり方を扱うことにより、生徒たちは自分のこととして考え、主体的に活動に参加できるようにした。

（3）ICT の活用で生徒たちに分かりやすい提示

　iPad に Keynote というプレゼンテーション用のアプリがある。Keynote の機能には「描画」があり、画面上で絵の具やペン、クレヨンなどのツールを使って描くことができる。また透過度なども自由に調整しながら描けるため、写真などをトレースして、容易にオリジナルのイラストを描くことができるほか、描いたイラストにアニメーションをつけることもできる。

　この機能を使って授業で使う教材を作成した。文部科学省の『わたしたちの道徳　1・2年

生用』をもとに、イラストを作成してアニメーションをつけた。教科書の挿絵や文字などから、生徒に注目させたいものだけをクローズアップして見せたり、アニメーションをつけたりすることで、生徒により興味をもたせることができた。

　また「身だしなみ」について教える場面では、生徒たちに日頃から気にかけてほしいポイントを集約したイラストを描き、身だしなみのどこを直すべきか、クイズ形式で提示した。これまではフリー素材を活用していたが、目の前の生徒たちに伝えたい内容が全て盛り込まれたフリー素材はなかなか見つからないため、この描画の機能を活用した。

図1　Keynote を活用した教材づくり

7. 実践を振り返って（成果と課題）

　今回の授業では、挨拶や身だしなみ、人との関わり方などを広く扱った。もともと高等部で行う現場実習を意識した内容で、生活単元学習として実施した。生活単元学習の様々な授業の中の一つとして単発的に行ったため、生徒たちに定着させることはまだ難しいと思われたが、授業後も生徒たちとの話題の中でよく授業の内容の話が出てきた。教員がロールプレイングで演じたことがとても印象的であったようだ。挨拶や言葉づかいなどは習慣的なものであり、定着するには時間はかかるが、場面に応じて事あるごとに話題に出し、生徒たちに意識させるきっかけになったことは、この授業の一つの成果であった。

事例13　特別活動（ホームルーム活動）　　特別支援学校　高等部

「生活目標」と友達との関わり

村浦 新之助（埼玉県立川越特別支援学校）

主として扱う内容項目／関連する内容項目

　本授業では、主として中学校学習指導要領におけるA［主として自分自身に関すること］の［**希望と勇気、努力と強い意志**］（より高い目標を設定し、その達成を目指し、希望と勇気をもち、困難や失敗を乗り越えて着実にやり遂げること。）とC［主として集団や社会との関わりに関すること］の［**よりよい学校生活、集団生活の充実**］（様々な集団の意義や集団の中での自分の役割と責任を自覚して集団生活の充実に努めること。）を扱うこととした。なお、学習指導要領上の内容項目は生徒の実態によって異なる。

1. 題材について

　本校の高等部においては、各教科等の中で道徳科を合わせて指導を行うこととなっている。日常生活の指導においては「互いの違いについて理解に努め、和を尊び助け合いながらよい集団を作っていこうとする態度を育てる」を目指し、特別活動（LHR）においては「学級生活の中で、いろいろな考えや個性を受け入れ理解しようと努力し、楽しく生活するために協力し合いながら活動できる態度を育てる」を目指して指導をすることとなっている。「生活目標」とは、生徒一人一人に応じた目標を設定し、一日を通して意識・実施をし、その評価を日々の帰りの会で行うものである。この「生活目標」という取組については学年全体で行っている。基本的には各学期の始まりにLHRにて担任と相談しながら考え、日々の日常生活の指導（帰りの会を基本とするが生徒の実態と目標によってはその限りではない）で振り返りを行っていき、達成状況を見ながら目標を変えていく。「生活目標」は3つ立てることとしており、内容は生徒自身が頑張りたいと思うものが2つ、教員が頑張ってほしいと思うものの中から1つ選ぶという構成となっている。自分自身の決めた目標に向けて取り組んでいくことで、A［主として自分自身に関すること］の［希望と勇気、努力と強い意志］に記載されている自分の任されている事柄や決めた目標に対して、やり遂げる力の育成を主なねらいとしている。

　生徒たちが決めた本学級の学級目標の一つに協力に関するものがある。生徒たちは「手伝って」と言われれば快く協力をしてくれるが、自分から「手伝って」や「手伝おうか」と伝えることはほとんど見られない様子であった。社会に出ていくにあたり困難な場面に直面した際に「手伝って」とヘルプサインを出すことや、生活環境において人間関係を築くために「手伝おうか」と相手に声をかけられることは重要なスキルであると考える。このことは学級集団としての決め事（目標）に対しての取組に直接的に関わるものであり、C［主として集団や社会との関わ

りに関すること］の［よりよい学校生活、集団生活の充実］に深く関連している。

　そこで「生活目標」の取組を通して、自分自身の目標の達成を目指すとともに、協力をテーマに学級内の集団生活の充実を図り、生徒間の関わり合いの機会を意図的に増やすことで、今後の学校生活や卒業後の生活が豊かになることを期待した。

2．対象とする生徒の実態

・高等部1年の生徒6名
・知的障害、自閉スペクトラム症、ADHD等の生徒たちで構成され、障害の程度や学習特性も多様であり、太田ステージ評価ではステージⅢ-1後期からⅤ以上の生徒が在籍しており、発達水準は様々である。
・中学部からの内部進学者2名と高等部からの外部進学者4名となっているが、個々の発達水準や本人の願い、クラス目標をもとに生活目標を設定。生徒の実態に応じて、予め担任間で話し合いをし、目標に関する選択肢を複数提示して生徒に選んでもらうことをしている。
・高等部1年生ということもあり、お互いの関係性がまだできていない状態であるとともに、個々の与えられた役割をこなすことは得意だが、同級生への働きかけは教員を仲介するなど直接的な関わりが乏しいのが現状である。
・協力という言葉の意味は理解しているが「いつ」「どうやって」行うべきものなのかが分からない様子が見られる生徒が多い。

3．ねらい／目標

＜高等部全体として日常生活の指導を通しての目標＞
○互いの違いについて理解に努め、和を尊び助け合いながらよい集団を作っていこうとする態度を育てる。
＜学級内における目標＞
○自分自身で決めた目標に向けて取り組んでいく。
○「手伝って」と声をかける・手伝いをする・決められた時間内に係活動を終える。

4．指導計画

時期	クラス目標	個人目標
2学期	・言葉づかいに気を付ける（丁寧な言葉を使う） ・明るく楽しい良い雰囲気のクラス ・協力し合えるクラス	・教室の朝掃除を行う ・友達の手伝いをする ・「手伝って」と声をかける ・自分から「手伝うことがありますか」と友達や先生に聞く 　※目標に向けての取組は上記を実施することで行う

5．授業の展開

	学習活動	指導内容	指導上の留意点
日常生活の指導	○登校 （〜9：05） ○着替え、連絡帳等の配布物提出 ○各係活動 ○余暇 ○朝の会 （9：20〜）	○各自係活動や朝の準備、個人の課題などを行う。 ○教室掃除を行う。（学級在籍生徒一人の係活動）	○教室掃除は「①濡らした新聞紙を撒く　②ほうきで枠の中に集める　③ちり取りで集めてごみ箱に捨てる　④掃除用具を片付ける」とする。 ○朝掃除を終えてから朝の会を行う。 ○行事等の関係で実施しない場合には教室前部に掲示してある連絡掲示板に予め書いておく。 ○欠席や実習等で不在の生徒・教員を連絡掲示板に予め書いておく。
	○帰りの会の中での目標の振り返り	○目標に対して達成できていたかを自己評価し、教員に伝える。	○達成時は賞賛及び金シールを渡す。達成できなかった場合は黒シールを渡す。 ○金シールが2週間以上連続した場合は次のステップを考えることを伝える。 ○生徒によっては自分で個人目標のカレンダーにシールを貼る。 ○黒シールが1週間連続した場合は教員間で目標や支援の手立てについて話し合いを行う。 ○達成に近い場合は、黒シールを渡すが改善点を伝えたり、過程を評価したりする。
LHR	○個人目標を立てる（見直す）	○クラス目標、授業・行事、将来のこと等を踏まえて目標を決める（最大3つ）。	○生徒から出てくる目標を具体的に観察可能な目標にするように話し合ったり、言い換えたりする。 ○少し頑張れば達成できる目標にするため、大きな目標は細分化してスモールステップで取り組んだり、容易に達成可能と思われる目標に関しては次のステップを提示したりする。

6．指導の工夫

（1）目標は毎日できることで具体的に

　何を目標にしたいかを生徒に聞くと「体育をがんばる」や「文化祭練習をがんばる」など抽象的な目標が出てきやすい。［希望と勇気、努力と強い意志］という道徳的価値を考えたときに自分自身で目標を立てることはとても重要であるが、抽象的な目標であると評価者によって評価基準がずれることがある。また、生徒たちも抽象的な表現より具体的な表現のほうがイメージをしやすく、取り組みやすいということもあり、生徒から出てきた「がんばる」という言葉を「何を、いつ、どのようにがんばる」のか具体的にするようにした。また、同学年の教員へも基本的には具体的で観察可能なものを目標として設定するように伝達した。

（2）評価について

　毎日帰りの会に振り返りを行うことを原則とした。生活目標の下にカレンダーをつけ、掲げている目標が達成できたときには金色の丸シール、達成できなかったときには黒色の丸シールをつけるようにした（図1）。また、基本的には連続達成で生活目標から外れた目標についても

引き続き取り組むこととし、毎日ではないができているときにたまに賞賛をするように同学年の教員には伝達した。生徒たちから出てくる「がんばりたい」という意欲を客観的評価が可能なものにすることで、目標達成に向けてどのようにしていくのがよいかを自分自身で考えたり、教員が具体的に促せたりできるようにした。何をするのかとその評価が明確になることで、自分自身で「生活目標」を確認しながら活動する姿が多く見られ、自分自身の目標に向き合いながら学校生活を送る姿が見られた。

（３）他教科との関連について

「生活目標」の中には、特定の教科や行事等をがんばりたいという生徒からの願いももちろん多くあり、それを具体的にしていくことで、学校生活の様々な場面で、どのように努力したらよいかが明確になった。先述しているように目標に対して臨んでいくことは［希望と勇気、努力と強い意志］と深く関連しており、この「生活目標」というものが学校生活の様々な場面へ影響していたと考えられる。

また、目標の学級ごとの達成率については課題別学習の数学の授業にて各学期末に集計、グラフ化して学年集会で発表し、掲示をするということを行った。作成にあたっては、生徒たちが分かりやすいように棒グラフで作成した。１・２学期は模造紙で作成し、３学期は数値からのグラフ化ができるようになったため Word と Excel を使ってポスターを作制した（図２・３）。

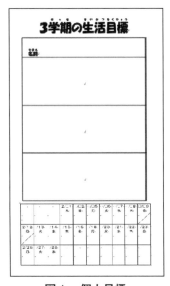
図１　個人目標

図２　ポスター（模造紙）

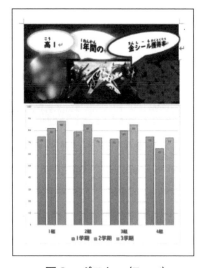
図３　ポスター（Excel）

（４）各自の目標と活動の工夫

各生徒の目標（友達の手伝いをする、手伝ってと声をかける、自分から「手伝うことがありますか」と友達や先生に聞く）を組み合わせることで、教室の朝掃除を協力して時間までに終わるように設定した。最初のころは教員に対して「手伝いはどうすればいいですか」と聞いてくる生徒もいて、教員が時間に間に合うように掃除の手伝いをすることもあった。「いつ、どう

やって」友達に声をかけるかの教示も行い、「手伝い」に関する行動が起きた際には生徒同士で感謝を伝えるようにした。感謝はクラス目標にはないが、クラス目標の良い雰囲気には該当し、道徳性としてとても大切なものである。そのため、生徒同士の感謝の言葉が生起したら、最初は教員がその都度褒めることから始め、最終的には教員はたまに褒める程度にした。

7. 実践を振り返って（成果と課題）

　今回の実践では、日々の学校生活の中で、どのように取り組んでいくかということを大切にした。仕掛けとして必要性を設定したことが目標の達成に大きく影響したと考える。実際に実施した学期末のクラス目標の振り返りでは、生徒たちから「クラスの雰囲気が良かった。朝の掃除を協力できたから」「ありがとうとたくさん言えていて、クラスの雰囲気が良かった」という言葉が出てきた。3学期には各自の生活目標から関連する内容を外したが、教員がいない中、生徒同士が自然と協力をして掃除をし、朝の会を行い、その後の休み時間に声をかけ合ってトランプをして過ごすという姿が見られた。これは教員を介さない生徒同士のポジティブなやりとりという場を数多く経験した結果だと考えられる。

　学校生活の場では、偶発的に起きたことに対して指導支援することも大切ではあるが、意図的に場面設定をした上で、生徒同士のポジティブな関わり合いを増やしていくような仕組みがとても大切であると考える。また、「生活目標」という取組は決して学校現場では真新しいものではなく、多くの学校で取り組まれているものである。それを毎日きちんと客観的に評価できるという枠組みを作ることが大切であると考える。特に知的障害特別支援学校において、障害特性から具体的な表現が分かりやすい生徒が多い中、「生活目標」という生徒の学校生活に結びついた内容を具体的な目標と活動を通して指導することで、体験的な学習を行うことはとても効果的である。生徒が日々［希望と勇気、努力と強い意志］をもって学校生活を送ることで、将来に向けて強く生きようとする意欲を高め、明るい生活態度と健全な人生観に繋げていけるようにしていきたい。

事例 14　特別活動（ホームルーム活動）　　　特別支援学校　高等部

本当の自由について考えよう

西島 沙和子（熊本県立ひのくに高等支援学校）

主として扱う内容項目／関連する内容項目

　本授業では、主として中学校学習指導要領におけるＡ［主として自分自身に関すること］の［自主、自律、自由と責任］（自律の精神を重んじ、自主的に考え、判断し、誠実に実行してその結果に責任をもつこと。）を扱うこととした。

1. 題材について

　学校教育目標である「社会自立・職業自立」の具現化に向け、在校生の生徒指導上の課題及び卒業生の離職の現状に照らし合わせ、道徳における内容項目の設定を行った。令和元年度は授業を全３回実施、第１回［自主、自律、自由と責任］、第２回［相互理解、寛容］、第３回［よりよく生きる喜び］を扱った。

　本題材は指導の適時性を重視し、長期休業直前に自律的な行動を促すための取組である。40日間の長い夏休みは、学校生活の解放感から気が緩み、思いも寄らない事件や事故に巻きこまれやすい時期である。高校生が関心をもつ情報が溢れ、ともすると非行行為への誘惑も多い。従来、夏休み前には生徒指導講話で注意喚起を行うが、自由な時間を過ごす夏休みは易きに流れがちである。

　本題材では、自由を求める気持ちが強くなる夏休みに向けて、責任ある行動選択をねらいとしている。自由の意味を考え、自分を律し、責任をもって行動する大切さへの気付きが必要であると考えた。

　授業前、内容項目［自主、自律、自由と責任］に関する自己評価・認識について生徒に事前アンケート調査を実施した。①自分はやって良いこと、悪いことを判断し行動できる、②自分で決めたことは周りが何と言おうと最後までやり遂げることができる、③自分のやったことには責任をもつことができる、④自由とはどんなことだと思うか（自由記述）、の４項目を質問した。授業では自己評価・認識が近い生徒同士５〜６人のグループを編成して意見交換を行い、対話的な学びによる道徳的価値の気付きや深まりを目指し、道徳的判断の力を高める機会とした。

　読み物教材に心理的な抵抗感を示す生徒が多いことから、教師によるロールプレイを自作教材として用いた。教師が演者となり、夏休みの生活を指導する場面を設定して、生徒役が夏休みにやりたいこと（友人宅への外泊、カラオケ等）を挙げ、それらは禁止されていると不満のくすぶりを煽った。その後、グループごとに、①自由なはずの夏休みになぜ禁止されているこ

とがあるのか、②自由だからこそ気を付けなければいけないことは何か、について意見交換を行った。

2. 対象とする生徒の実態

・高等部2年生33人（男子23人、女子10人）
・軽度知的障害があり、発達障害の診断を併せ有する生徒が6割程度在籍
・高等部専門学科のみの特別支援学校で、敷地内には寄宿舎（遠隔地生徒が利用）を併設
・大部分の生徒は中学校の通常学級や特別支援学級から進学
・道徳の授業の印象を調査したところ、「好き」は1人、「どちらでもない」は5人、「嫌い」は27人という結果で、読み物教材による内容や心情の理解が難しいと感じている。
・「自由」とは、制限なくやりたい放題にでき、他者のしばりから解放される状態であると捉えており、自由を妨げているのは周囲の環境やルールであると考える生徒が多い。
・生徒によっては、語彙の少なさと文章表現の未熟さ、感情表現の苦手さ、自己分析の弱さがある。

3. ねらい／目標

○自由の意味について考え、自律的に判断し、責任をもって行動しようとする自覚と態度を育てる。

4. 指導計画

時期	時間数	学習活動	指導内容
7/12 （本時）	1h	「本当の自由」について考える （ロールプレイ・意見交換）	ロールプレイを教材に意見交換を行うことで、自由の意味を多面的に考え、自分を律し、責任をもって行動する大切さに気付く。
9/13	1h	「価値ある違い」について考える （ロールプレイ・意見交換）	校外学習の昼食場所を話し合う場面をロールプレイに設定し、様々な価値観が存在することを認識し、他者との考え方の違いにどう向き合うかを考える。
11/20	1h	「心の持ち方」について考える （ロールプレイ・意見交換）	進路に関する三者面談の場面を取り上げ、苦難や不安に直面した際、目的の実現に向けて心をどう構築するのか考え、目指す生き方に近付くための意欲を高める。

5. 授業の展開

学習活動	指導内容	指導上の留意点
○始まりの挨拶をする。 ○アイスブレイク「仲間探し」をする。	○号令に合わせて、姿勢を正し、挨拶とお辞儀をする。 ○生まれた月、好きな果物など、お題に対して仲間を探しながらグループを作る。	○休み時間から授業への気持ちの切り替えができるような声掛けをする。 ○できたグループにどういう仲間か尋ねる。仲間が見つからない場合は個性的な存在であることを肯定的に伝える。

○アンケートの結果を共有し、「自由」について考える。	○本時のグループとなる仲間を確認して着席する。 ○他者が抱いている「自由」に対するイメージを自分に重ね合わせて考える。	○お題の最後は、意見交換の仲間で集まれるようにグループのメンバーを発表する。 ○アンケートに出された「自由」に対するイメージを図式化して提示し、授業前後での考えの深まりが実感できるよう「自由とは何か」と問う。
○教師によるロールプレイを見る。	○本時の目標を確認し、ロールプレイについて説明を聞く。 ○シナリオに基づいて演じられるロールプレイを観客として見る。	○ロールプレイの場面設定を簡潔に説明し、発問に繋がる葛藤を投げかける。
		<table><tr><td>自由がいっぱいの夏休み。先生が夏休みの過ごし方について話しますが、やってはいけないことがいっぱいです。どうしてきまりがあるの。わたしたちに自由はないの。</td></tr></table>
○発問1と発問2について、グループごとに意見交換をする。	○「発問1：自由なはずの夏休みになぜ禁止されていることがあるのか」について考える。 ○「発問2：自由だからこそ気を付けなければいけないことは何か」について考える。	○ロールプレイの内容が理解しやすいように適切なスピードで台詞を言う。 ○意見交換のルールを視覚的に提示する。
		<table><tr><td>・人の意見を否定せず、最後まで話を聞こう。 ・自分の意見は1分以内にまとめて伝えよう。</td></tr></table>
		○グループには教師を配置し、「自由」を深く捉えるための補助発問をする等、意見交換をファシリテートする。
○グループで出た意見を全体に発表する。	○意見を模造紙に記入する。 ○考えを伝えたり、他者の意見を聞いたりする。 ○意見が書かれた模造紙を見ながら、「自由」に関連して出てきたキーワード確認する。	○これまでの生活体験を想起する問いかけをし、自分事として捉えやすくする。 ○グループの発表者の発言をサポートする。 ○「ルール」「命」「責任」「迷惑」「我慢」等、キーワードに触れながら生徒の気付きや学びを称賛する。
○教師の話を聞く。		
○学習内容を振り返りワークシートを記入する。	○「自由」を多面的に捉え、新たな視点を見つける。 ○今後の生活への自覚をもち、文章で表現する。	○授業の始めと終わりにおける考えの変容が比較しやすいワークシートを準備する。授業の感想を記入する自由記述欄を設ける。 ○教材の内容理解や意見交換への取組状況が自己評価できるようにする。
○終わりの挨拶をする。	○号令に合わせて、姿勢を正し、挨拶とお辞儀をする。	○次回の「道徳」の授業について予告をする。

6. 指導の工夫

（1）事前アンケート調査の実施・活用

　中学校学習指導要領「特別の教科　道徳」を参考に「道徳の授業に関するアンケート」を作成した。内容項目［自主、自律、自由と責任］に関して、①自分はやって良いこと、悪いことを判断し行動できる、②自分で決めたことは周りが何と言おうと最後までやり遂げることができる、③自分のやったことには責任をもつことができる、④自由とはどんなことだと思うか（自由記述）の4項目を質問した。授業で扱う内容項目について、生徒自身の自己評価・認識を把握することで、意見交換のグルーピングは実態が似ているメンバーで編成した。思考を言語化するのが苦手な生徒への配慮として価値観が近い他者と意見交換をしながら内面を整理し、互

いに共感しながら自分の考えを出せるようにした。その後、各グループで出た意見を全体に発表することで別の視点にある価値観に触れ、自己の考えを広げる活動へと繋げた。

（2）ロールプレイによる教材の提示

図1　ロールプレイの様子

　読み物資料の読解に苦手意識を強くもっている生徒が多いことから、教材としてロールプレイを用いた。ロールプレイは読み物資料よりも自己を投影できる教材となり得る。

　また、意見交換のきっかけとしても有効であり、内容理解にも時間的・精神的な負荷が少ない。さらに、似たような経験のあるストーリーであれば理解がスムーズである。学ぶ必要性を実感でき、生活に密着したテーマ、身近に起きそうな具体的な出来事であることを重視し、ファンタジー要素の少ないものを設定した。

　ロールプレイを取り入れた授業の経験が乏しいので、現段階で生徒自身が役割を演じるのは難しいと考え、教師がロールプレイを行うことにした（図1）。知っている教師が演者となることは、意外なことに教師と生徒に一体感が生まれ、学習意欲の高まりに繋がった。また、生徒が観客となることで、客観性を与えることができた。

（3）アイスブレイク

　道徳に対する緊張をほぐすため授業の冒頭でアクティビティを導入した。普段から関わりのある慣れた友達ではあるが、コミュニケーションを取りやすい雰囲気をつくるため、声を出したり体を動かしたりする「仲間探し」は意見交換の活性化に繋がる活動であった。教師もアイスブレイクに参加することで、その後のロールプレイや意見交換に生徒を巻き込みやすくなった。

（4）視覚的支援

　視覚的支援が有効な生徒が多いため、学習内容を説明する際には文字やイラストを用いて情報を伝えるようにした。意見交換のルールなどは活動中にも何度か意識する必要があるため、注意点をポスターサイズの紙にまとめ、前方に掲示した（図3）。また、「自由」に対するイメージを全体で共有する際は、生徒の意見を図式化し、プレゼンテーションソフトを使って順序立てて確認を行った（図2）。さらに、教師によるロールプレイでは、内容や場面理解のため登場人物を表す名札を付けて役割の明確化を図った（図4）。また、心の声（補助自我）の存在や、場面設定についてはイラストを用いて説明した。登場人物の裏の気持ちを代弁する役割となる補助自我は生徒にとって分かりづらい存在であるため、はじめに視覚イメージの形成を意図した。

（5）意見交換のファシリテーター

　意見交換の各グループに教師1名を配置することで司会進行と対話の促進を図った（図5）。発言をする生徒へのサポートは対話的な学びに必要不可欠である。発言への意欲を高めたり、

より伝わりやすいように言葉を添えたり重要な役割を担う。

　さらに、「自由」を深く捉えるための補助発問をしながら意見交換をファシリテートしていく。家庭や学校での出来事を把握している教師だからこそ、今までの生活体験を想起する問いかけができ、自分事として捉えやすくすることができる（図6）。

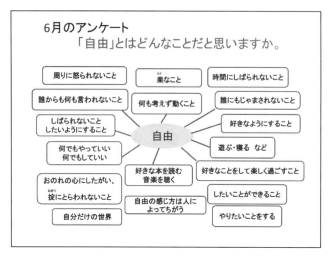

図2　「自由」に対するイメージの共有

図3　意見交換のルール

図4　「名札」による役割の明確化

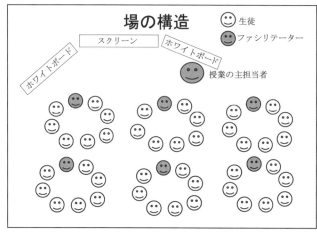

図5　場の構造

図6　意見交換の様子

7.　実践を振り返って（成果と課題）

　従来の生徒指導講話では、道徳として類似する内容に関して注意喚起を行う際、問題行動への予防が強く出てしまいがちであった。そのとき、生徒は決められたルールを煩わしく思い、どのようにルールの隙を突こうかと考えを巡らせている様子があった。生徒指導は道徳の内容や機能と関連するため、その二者を相乗的に高めていかなければならない。

　本授業では、教師によるロールプレイを教材とし、グループ相互の対話的な学びを目指した

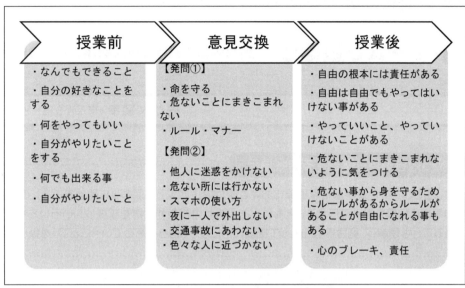

図7　あるグループの道徳的価値の変容

意見交換を授業の中心に据えた。内容の種類や程度に違いはあるが、グループ内や個人に道徳的価値の変容が見られた（図7）。対話的な学びの実現に向け、学習上の特性に配慮した工夫を行うことで知的障害や発達障害のある生徒も多様な価値観に触れ、自己の考えを広げる学習活動が可能である。

　一方、一つの教材に様々な内容項目が関連していることでねらいに到達するまでの経路が複雑であった。学びにつまずきのある生徒たちの中には思考の切り換えに困難さがあり、話に飛躍が多くなってしまう。それゆえ迫るべき道徳的価値について意見交換をする際に必要な時間を十分に確保できなかった。内容項目は包括的に捉えなければならないが、50分という時間的な制約を考慮した場合、授業展開や意見交換にぶれを生じさせないためにはポイントを絞るなど授業の焦点化が必要である。

　道徳的価値に向き合い、意見交換を重ねる学習活動は道徳的実践力を育成する取組と言えるが、教材を通して、道徳的価値について意見交換をしても直面した課題は解決しない場合が多い。だが、性急に答えや理由を求めない態度が見受けられるようになった。「自由とは何か分からなくなった」と感想に書いた生徒もおり、これは自由のもつ概念の広さを獲得するためのステップであると考えられる。

　また、学習指導要領に基づく「主体的・対話的で深い学び」は思考の過程が重要である。授業前後での道徳的価値の変容については、ワークシート等の記述の変化を分析することで、評価に繋げたが、実際のところ生徒が書き残したもので道徳的価値の深まりや広がりを評価するには限界があった。文章や語彙の出現だけでは道徳的価値の自覚を評価しようにも十分に測ることができなかった。記述だけではない別の方法、例えば、日常的な観察や対話を通して、思考の過程を複数の教師とともに多面的かつ継続的に捉えていく必要性が考えられる。

事例15　自立活動　　　　　　　　特別支援学校　高等部

ボードゲームで遊ぼう ～集団場面における対人関係スキルの向上～

佐々木 敏幸（東京都立港特別支援学校）

主として扱う内容項目／関連する内容項目

　本授業では、主として中学校学習指導要領におけるB［主として人との関わりに関すること］の［**相互理解、寛容**］（自分の考えや意見を相手に伝えるとともに、それぞれの個性や立場を尊重し、いろいろなものの見方や考え方があることを理解し、寛容の心をもって謙虚に他に学び、自らを高めていくこと。）を扱うこととした。

1. 題材について

　高等部単独校である本校は、道徳を教科としてではなく、教育活動全般を通じて行うものと位置付けている。その上で、生徒が卒業後の実社会における具体的課題へ対応できるようになるための、職業教育を重視した教育課程を編成している。

　本校普通科、卒業生の一般就労における過去3年間の離職率は7％に上る。離職理由をみると、約80％が「人間関係」に由来する課題であったと回答している。このことは、仕事そのものの能力（ハードスキル）よりも、職場で円滑に過ごすための仕事の周辺にある能力（ソフトスキル）に課題を抱えたまま、学校から地域生活へと移行してしまった課題があると考えられる。特に、障害特性として対人関係やコミュニケーションに困難性を示すといわれる自閉スペクトラム症（以下、ASD）の生徒ほど、在学中からソフトスキルに関する課題の改善に向けた適切な支援と配慮が必須だと考える。

　梅永（2017）によるとASD者の就労について、米国ノースカロライナ大学TEACCH部の過去数十年の調査では、ハードスキルの問題よりもソフトスキルの問題で離職した者が多く、その割合は80％以上とされる。このことからも、将来的に直面する可能性のある対人関係の課題について在学中から取り組む必要があり、ソフトスキルへ焦点化した具体的な指導が必要だと考える。よって、就労場面で課題が顕在化しやすい、余暇や休憩時間等の集団における「ふるまい」について、対人関係スキルへ視点を定め題材設定した。

　ソフトスキル支援が含まれるソーシャルスキルの習得には、課題となる具体的場面を抽出した指導が効果的である。一方で、失敗経験を伴わない設定による教育的介入が不可欠である。したがって、集団場面で個々の生徒が本気になって楽しめる「遊び」を構想し、ツールを制作した。参加する生徒全員が、ルールや方法を視覚的に理解できるように遊びを「構造化」し、集団による対戦型ゲームを通じて生じた「ふるまい」（課題点）の改善や自己理解（他者視点を含めた自己評価）等の支援へ焦点をあて授業設計を行った。

2．対象とする生徒の実態

・高等部3年生の2学級（16名）で実施し、その内の筆者が担任する対象学級生徒8名
・ASD の診断及び特性が認められる生徒5名、ダウン症の生徒2名、その他の知的障害の生徒1名で構成された学級集団
・行動障害があり個別対応が必要な生徒から、半年後に一般就労する生徒まで幅広く在籍
・勝敗に固執する生徒が2名おり、なかでも1名は「負け」に対して強い拒否を示す。負けると、教室の飛び出しや他者への汚言、大声を発したり机を叩いたりするなど課題とされる行動が見られる。
・ゲームの結果に固執する生徒は、自己評価と現実に大きな乖離がみられる（メタ認知の課題）。
・集団には、言葉や文字による指示理解が困難な生徒がいるものの、特性に応じて学習環境を構造化し、個々の課題に応じて視覚的な手がかりを整えることにより、自立した学校生活を送ることができている。
・遊びを構造化する（視覚的に環境を整える）ことにより、全員が主体的にゲームへ参加できる。

3．ねらい／目標

○個々の課題に応じ、集団の中で適切にふるまう対人関係スキルを養う。
○学級（チーム）の成長を意識し、ゲーム（集団による遊び）を楽しむ。

4．指導計画

時期	時間数	学習活動	指導内容
9/7	1h	・ボードゲームの選択と対戦	・多数決でゲームを選ぶ／決めたゲームで遊ぶ
9/14	1h	・コミック会話を参考に事前打合せ ・ボードゲームの選択と対戦	・絵と吹き出しでソーシャルスキルを確認 ・ルールに基づいて対戦し結果を受け止める
9/28 10/5 （本時）	1h	・コミック会話を参考に事前打合せ ・勝敗時のふるまい（ロールプレイ） ・ボードゲームの選択と対戦	・「勝ち」「負け」のふるまいを確認 ・勝敗両者のふるまいを集団でリハーサル ・ゲームの結果に応じたふるまいで楽しむ

5．授業の展開

本時は多数決によりテーブルホッケーに決定

学習活動	指導内容	指導上の留意点
○始まりの挨拶 ●事前ミーティング ○コミック会話で「ふるまい」の確認	○全員が着席して正面へ注目する。 ○前時の振り返りと課題場面の確認。 ○各対戦で勝ち（万歳）と負け（拍手）を確認し、絵と吹き出しへ生徒が記入して「ふるまい」を検討する。	○日直が号令をかける。 ○ネガティブ経験として捉えないように配慮する。 ○生徒の自発的な言葉や記述、描画等を肯定的に受容する。汚言等には「心の中」など記入し、視覚的に確認できるようにする。
○ロールプレイによるリハーサル	○勝ったときは万歳を3回し、負けたときは拍手を5回打つ練習をする。	○MT 主導で、具体的な勝敗場面を想起させ、万歳や拍手の練習を促す。

○遊びの目的の確認	○勝敗のふるまい後に、次の対戦へ気持ちを切り替えるための行動と手順を確認する。 ○具体的な試合数やこれまでの対戦成績を知り、学級の勝利を意識する。	○納得できない生徒へ無理強いしない。 ○声量、体の動き、ふるまう場所などを具体的に示し、練習する。 ○学級の成長を意識できるように、対戦数等へ視覚的に見通しをもてるように示す。
○対戦学級登場※ ○ボードゲームの選択（多数決） ○ゲームの説明・実演	○対戦学級も含め、学級の座席を確認。 ○黒板に貼った3つのボードゲームの写真カードの内、やりたいゲームへ個別にマグネットを貼って選ぶ。 ○実演等を見て、選択したゲームの方法を理解する。	○廊下側に対戦側、窓側に自陣の椅子を置く。 ○MTは各生徒へ投票用のマグネットを1つ渡す。生徒が自分自身で選択できるようにする。必要に応じて個別に支援する。 ○ST及び経験がある生徒で、ゲームをやってみせる。MTは勝敗時の行動の確認をする。
○対戦の順番を決める ○学級対抗による、ボードゲームの対戦 ○勝敗の確認とトロフィー等の授与 ○まとめ、挨拶	○名前カードを用い、対戦順を決定する。自分で検討して決める。 ○各学級から、対戦順に出てボードゲームを行い、対戦を楽しむ。対戦者以外は、応援してチームの勝利を目指す。 ○対戦ごとの勝敗を確認し、勝利学級を視覚的に確認する。勝利学級の代表者が、トロフィー等を受け取る。 ○次回の内容を確認し、挨拶。	○MTは名前カードを用意し、担任学級の生徒が主体的に対戦順を決めるよう支援する。 ○対戦者が名前カードや順番を視覚的に理解できるように示す。MTは勝敗がついたときに、適切にふるまえるよう各学級へ合図を送る。STは具体的に勝敗のモデルを示す。 ○各対戦の勝敗をマグネットで示し、勝った対戦数が多い学級の勝利を視覚的に確認する。勝った学級へトロフィー等を授与する。 ○本時のまとめをするとともに、次週の選択できるボードゲームについて予告する。

※対戦学級も、学級及び在籍生徒の課題に応じて事前ミーティングをホームルームで実施後、来室する。

6. 指導の工夫

（1）コミック会話を参考に、絵の描画や吹き出しへの記入による視覚的なルールの確認と理解

・コミック会話（Gray, 2005）は、2、3人の会話に線画を組み込み、会話などの情報理解が難しい人へ絵によってコミュニケーションを分かりやすく支援する技術。言動を系統立てて明確にし、人はどう思っているのかに注目する。

図1　負けたときの発言を記述

・教師が勝ち負けの基本場面を示し、生徒が描画や吹き出しへの記入を行いながら、集団でソーシャルスキルを確認する。

（2）ロールプレイによる事前リハーサルで適切な「ふるまい」（ソーシャルスキル）を確認

・生徒の記述等による具体的な発言やふるまいを、まずは受容する。

・汚言や暴力的な表現については、教師が「心の中」と赤で書き込むなど、ふるまいを改善するための手立てや考え方を具体的に示す。

・勝ったときは万歳3回・負けたら拍手5回を実際に全員でやってみる。

・チームの勝利を目標にするとともに、敗戦時の適切な方法を練習する。

図2　「負けたら拍手」を練習

・すぐに気持ちを切り替えて次戦へ向かうタイミングを練習する。

（3）「選択」と「合意」を、具体物を介して視覚的に行う

・全員にマグネットを1つずつ渡す。

・3つのゲームの中から自分のやりたいゲームを1つ
選択する（前時にやったゲームは選択肢から外す）。

・マグネットの合計数を全員で確認し、最も多いゲー
ムに決める。集団の合意形成を図る。

図3　個々で選択　　　図4　多数決で決定

（4）夢中になれる遊びツール（ボードゲーム）を複数制作する

図5　テーブルホッケー　　　図6　コインでポン！　　　図7　積み木でポン！　　　図8　カーリング
　　ゴルフ

① 　遊技場にあるエアホッケーゲームを参考にして制作したビー玉（大）を打ち合うゲーム。スマッ
シャーで相手の陣地のゴール（開口部）を狙って打ち合い、5点先取で勝敗が決まるルール。

② 　投入機からコインを立てて投入し、4色の部屋のいずれかへ狙い入れるゲーム。コインが転がり、
狭い隙間を通して部屋に入れるとゴールになる。コインの枚数を多く入れたチームが勝ち。

③ 　②と同様に、積み木の円盤を投入機に入れ、隙間を通しゴールを狙うゲーム。ゴールの部屋は一
つで、多く入れた方が勝ち。チーム戦の他、積み木の色を複数にして個人戦の設定もできる。

④ 　坂になった投入エリアからビー玉（大）を投入し、穴を狙って入れるゲーム。投入数が増えるに
つれ、穴は埋まっていく。外れたビー玉へ、カーリングのようにぶつけて味方のビー玉を穴に入れた
り相手のビー玉を弾いたりしながら進める。穴にビー玉を多く入れたチームが勝ち。

（5）遊びの「構造化」（その他の物理的構造化）

図9　順番リング（ホース）　図10　スコアボード　　　図11　コイン集計機

① 　見えない順番を視覚的に確認するツール。ゲーム時に、自分の順番が来たら次の人へ渡してから
行う。集団活動の方向を確認し、具体物で他者を意識したやりとりを視覚化するためのツール。

② 　テーブルホッケーで、ゴールしたビー玉をそのまま拾い入れ視覚的に数量を確認する。ホワイトボー

ドに掲示した対戦者カードを、上部へマグネットで付け替えて毎回の対戦者を確認できる。

③　「コインでポン!」の4色の部屋に入れたコインを、それぞれ集計し視覚的に数量を確認するためのツール。

（6）勝敗及び評価を視覚的に理解・確認するためのツール

図12　トロフィーと星マークの掲示

図13　個人賞のカード

図14　最高賞のカード

①　学級の勝利により、次回対戦日まで保有できるトロフィー。勝ち学級が得る星マーク（教室掲示）。

②・③　負けてももらえるゴッドミラクル賞（生徒が命名した努力賞）。星カードは、個人の最優秀賞。

7. 実践を振り返って（成果と課題）

集団の設定において夢中で遊ぶ機会を通じ、障害特性を背景にした個々の「ふるまい」が露呈してしまうような状況が生まれた。それらの行動の善悪をみるよりも、生徒のこれまでの失敗経験や誤学習など、固着化してしまった行動（自分なりの身の処し方）を、ポジティブな遊びの場面で顕在化させることに意義があった。明確になった課題に対し、絵を介して視覚的に考え抜くための事前打合せをすることで、集団の中で折り合いをつける方法や、他者へ歩み寄る手段を自ら模索する姿が見られるようになった。社会的な場面で、ASD等の障害特性のある人なりの対人関係スキルに関する具体的な指導ができた。

他方、定型発達といわれる人と同じような余暇や対人関係スキルを求めることが妥当なのか考える必要がある。ASDのある生徒が「勝って一番になる」という結果へ固執する場合、勝敗だけに着目してしまい、競争という設定が不安定さを助長する状況になった。特性ある生徒の限局した関心事までを包括し、卒業後の地域生活において、集団や他者と折り合いをつけながら過ごす方法や手段を「自ら検討しようとする力」を育む機会と捉えた指導が必要である。

筆者は、生徒の日常で生じた対人関係の具体的な課題場面を抽出し、コミック会話を参考に描画と吹き出しの文書を一緒になって「かき」ながらソーシャルスキルを確認する実践を継続している。ASD児者の特性を踏まえ、ソーシャルスキルの一般的な「型」を教えながらその般化・応用をねらうよりも、場面に合った具体的な対応方法を視覚的に認識しながら練習することが有効だと実感している。その人なりの、好ましい「ふるまい」へ改善していく学習経験の積み上げが、将来の地域生活におけるQOLの向上を見据えた「道徳」として重要だと考えている。

【文献】
キャロル・グレイ（著）門眞一郎（訳）（2005）コミック会話. 明石書店
梅永雄二（2017）発達障害者の就労上の困難性と具体的対策：ASD者を中心に. 日本労働研究雑誌, 59（8）, 57-68.

事例16　学校設定教科（個別課題）　　特別支援学校　高等部

自分で生活をコントロールしよう

川井 優子（東京学芸大学附属特別支援学校）

主として扱う内容項目／関連する内容項目

　本授業では、主として中学校学習指導要領におけるA［主として自分自身に関すること］の［節度、節制］（望ましい生活習慣を身に付け、心身の健康の増進を図り、節度を守り節制に心掛け、安全で調和のある生活をすること。）を扱うこととした。

1. 題材について

　本校高等部では、領域・教科等を合わせた指導を行い、道徳教育の内容を押さえて指導を進めている。高等部の「個別課題」（学校設定教科）は、原則毎日9：00〜9：20の時間に行い、生徒本人や保護者と相談しながら、運動面、学習面、コミュニケーション面などで個々に必要な課題に取り組んでいるが、学習内容によっては、必要に応じて集団で授業をすることがある。本題材では、生徒が抱えている課題に共通点が多く、意見を出し合いながら授業を進めることが有効であると考え、高等部1年生から3年生12名の生徒（男子4名、女子8名）で学習することとした。対象生徒は就寝、起床時間、インターネットの利用時間など家庭のルールの中で、自分自身の生活を管理しようとしているが、そのときやりたいことを優先してしまうことが多く、基本的な生活習慣が身に付いているとは言えない。

　本題材では、「節度、節制」をキーワードとして、平成26年6月発行『私たちの道徳 中学校版』（文部科学省）1-(1)「調和のある生活を送る」、広島県教科用図書販売株式会社 IT ソリューション事業部「Net モラル教材」を活用して授業を行った。また、保護者に協力を依頼し、事前に生徒へのアンケートを行った。導入では問題提起となる「やめられないスマホ・ゲーム」のアニメ動画を視聴後、「1日の動画を観る時間」「メールやトークアプリの使用について」などのデータを集計した円グラフを見ながら日常生活について振り返り、登場人物との共通点を見出していった。自分自身で答えを考えることが難しい生徒に対しては、場面絵を提示することや、セリフカードを見て話の流れを思い出すこと、他者の意見を手掛かりとして考えることなど、道筋を示した。

　本題材を通して、保護者や教員に指摘されて仕方なく行動を修正するのではなく、自分自身で考え主体的に行動できるようになってほしい。また、なぜ生活習慣を身に付けることが必要であるかを理解し、将来の生活につながるようにしていきたい。

2．対象とする生徒の実態

・高等部1～3年生の生徒12名
・知的障害、自閉スペクトラム症、ダウン症などの生徒で構成している。
・小学校低学年～高学年程度の読み書きができる。
・将来の自立に向けた学習を行っているが、自分の力で決められた時間に就寝、起床することが難しい生徒もいる。
・インターネットの利用に関しては、学習や家事などの優先順位が分からずに好きな動画を観続けてしまうことや、ゲームをやり続けてしまう生徒もいる。
・家族や友達同士でトークアプリやメールを利用している生徒が多い。誰と利用するか、どれくらいの頻度で使用するかについては、家庭のルールを守ることが前提であるものの、保護者の考え方は様々であり、生徒の理解も確実であるとは言えない。

3．ねらい／目標

○自分の意志でバランスのとれた生活を送るために、必要なことが分かる。
○望ましい生活習慣を身に付け、節度・節制を心掛けることができる。

4．指導計画

時期	時間数	学習活動	指導内容
9/7	25分	・アンケートを記入する。	・自分の生活習慣について考える。
9/14	25分	・アンケート結果を基に、話し合う。	・起床時間、就寝時間について考える。
9/26 （本時）	50分	・動画及びアンケート結果を基に、話し合う。	・インターネット、メール、トークアプリの使用などについて考える。
10/2	25分	・ワークシートを基に、話し合う。	・前時のキーワードの意味を知る。
10/19	25分	・生活習慣の改善点をまとめる。	・これからの生活について考える。

5．授業の展開

学習活動	指導内容	指導上の留意点
○始まりの挨拶をする。 ○本時の予定を聞く。	○授業の始まりを意識する。 ○授業への見通しをもつ。	○日直が号令をする。 ○姿勢を正しくするように促す。
○「やめられないスマホ・ゲーム」を視聴する。（2分13秒まで）	○本時の学習内容が分かり、問題点に気付く。	○動画を視聴した後に問題点を聞くことは、事前に伝える。 ○字幕を見ながら考えるポイントを強調して伝え、画面から視線が逸れている場合は、声をかける。
○「としお」の問題点を発表する。	○自分の意見を述べたり、仲間の意見を聞いたりする。	○MTは生徒の意見を短くまとめる。STは短冊にまとめた答えを記入して、黒板に貼る。

	○分からないことがあるときは、質問や相談ができる。	○挙手した生徒を先に指名する。自分から答えが出ない生徒は、短冊に書かれている内容を手掛かりに考えるよう促す。 ○動画の内容が曖昧になってしまったり、忘れてしまったりした生徒には、セリフカードや場面絵を渡す。MTが生徒に問いかけ、支援が必要な場合は教員に伝えるよう促す。
○「やめられないスマホ・ゲーム」を視聴する。（5分12秒まで）	○本時の学習内容が分かり、問題点に気付く。	○動画を視聴した後に問題点を聞くことは、再度伝える。
○「ようこ」の問題点を発表する。	○自分の意見を述べたり、仲間の意見を聞いたりする。	○「としお」の問題点と同様の支援をする。
○「1日の動画を観る時間」「メールやトークアプリの使用について」などのアンケート結果を見る。	○自分や仲間がインターネット、メール、トークアプリをどれくらい使用しているかを知る。	○「としお」や「ようこ」だけの問題でなく、自分たちの生活にも同じような課題があることを伝え、自分事として考えさせる。 ○アンケート結果を生徒に配布し、円グラフのデータを生徒ともに読み上げる。STはどの部分を読んでいるのかが分からなくなってしまった生徒に声をかける。
○「これからの生活について」発表する。	○自分自身の改善点に気付く。	○なかなか発言が出ない場合は、板書やアンケート結果を手掛かりに考えるよう生徒に声掛けをする。
○本時のまとめを聞く。	○「節度」「節制」「コントロール」などのキーワードを知る。	○分からない言葉は次時（10/2）までにインターネットや辞書で調べてくるように伝える。

6. 指導の工夫

（1）教材について

　『私たちの道徳』中学校版に、「自分で生活をコントロールする」基本的生活習慣の項目があった。「毎日、同じくらいの時刻に寝ていますか」「毎日同じくらいの時刻に起きていますか」などのデータをそのまま使用するのではなく、対象生徒にアンケート調査を行い、そのデータを集計して提示することで、生徒たちが問題をより身近に感じることができるようにした。

　文字を読んで登場人物の気持ちを想像することが苦手な生徒には、動画やイラストを用いて資料提示を行った。広島県教科用図書販売株式会社ITソリューション事業部「Netモラル教材」を使用することによって、普段集中が途切れやすい生徒も画面から目を離さずにアニメ動画（字幕付き）を見ることができると考えた。また、「やめられな

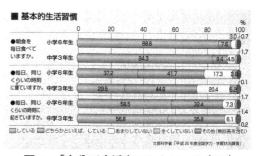

図1　「自分で生活をコントロールする」

図2　アニメ動画の活用

いスマホ・ゲーム」のストーリーは、普段生徒が抱えている課題に近く、自分事として受け止めやすい内容であると考えた。時間が経つと動画の内容を忘れてしまうことがあるので、セリフカードを作成した。

（2）グループ編成について

高等部は生徒の課題がより明確になる時期であるため、学年を超えた課題別グループで学習することによって、それぞれが問題意識をもって取り組むことができるようにした。特に3年生の生徒は、これまでの学校生活や現場実習などの経験があるため、1、2年生とは異なる意見が出ることを期待した。

7．実践を振り返って（成果と課題）

生徒が抱えている課題に共通点のあるメンバーで授業を行った。事前に生活習慣についてのアンケートを取り、集計したものを授業で使用した。アンケートを家庭に持ち帰り、生徒本人が記入した内容と実際の生活で異なる部分がないか保護者に確認を依頼した。アンケートの集計結果に関しては、『私たちの道徳』に示されている小学生及び中学生のデータではなく、自分自身を含めた授業対象者12名のデータを見ることで、より自分たちの生活について見直すよい機会となった。

授業で使用する動画教材は、できるだけ情報量が少ないものを使用し、生徒が自分事として考えることができる内容のものを準備した。生徒の実態に応じてイラストや文字で教材を提示することや、他者の意見を手掛かりとすることで考える道筋を示した。生徒にとってすぐに言葉の意味を理解することは難しいと予想されるが、中学校の内容項目A［主として自分自身に関すること］(2)［節度、節制］のキーワードを提示し、様々な場面で具体例を挙げながら取り上げることにより、本授業以外の場面でも般化できるようにした。

本授業では、高1～高3の生徒で授業を行うことによって、下級生が今後の生活を改善するポイントとなる意見を上級生から聞くことができた。登場人物の行動を振り返る発問では、生徒からたくさん意見を引き出すことができた。動画を観ながらうなずいたり、「分かっちゃった！」と発言したり豊かな反応も見られた。また、自分の課題を指摘されているように感じたのか、耳を塞いでいる生徒もいた。動画を視聴後に、考えるためのヒントとして場面絵を渡そうとしたが、「見なくても分かります」と答えた生徒がいた。生活習慣についてのアンケート結果を円グラフで示すことによって、視覚的にデータの読み取りがしやすい様子だった。1人1回以上は自ら挙手し、発言することができた。

終末に「これからの生活について」の意見を

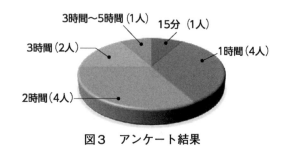

1日の動画を観る時間

3時間～5時間(1人)　15分 (1人)

3時間(2人)

1時間(4人)

2時間(4人)

図3　アンケート結果

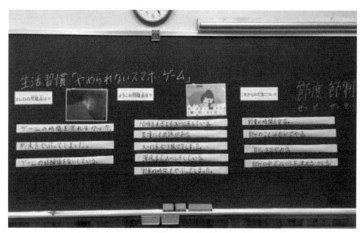

図4 板書

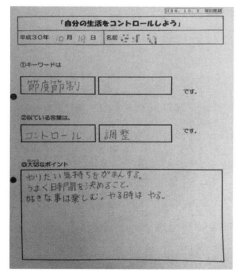

図5 生徒のワークシート

発表する場面を設けた。登場人物の生活を考えればよいのか、自分自身の生活について考えればよいのか生徒たちが分からなくなっている様子だった。「これからの生活について」を考える場面では、もう少し考える幅を狭め、具体的な発問をする必要があった。

　最後に、授業対象者の中で実際に［節度、節制］という言葉を聞いたことがある生徒は1人だけだった。「コントロール」「制御」「調整」など似ている言葉を生徒と一緒に考えたものの、理解しづらい様子だった。キーワードの意味を理解させることに時間を費やしてしまい、「これからの生活で改善すること」のワークシートは、家庭に持ち帰って書くことになってしまった。その後は現場実習の時期と重なってしまったため、ワークシートの内容を授業対象者で共有する時間を取ることができなかった。言語の理解力と記憶力などに差があるため、指導方法の工夫と指導計画の見直しが必要であると感じた。今後も生活年齢にふさわしい内容や生徒の課題に応じた内容を取り上げていきたい。

第2章

特別支援学級

- ●小学校　4例
- ●中学校　1例
- ●大学相談室　1例

事例1　道徳科　　　　　　　　　　小学校　特別支援学級

くろぶたのしっぱい

宮越 淳（千葉県君津市立南子安小学校）

※本稿は、筆者の前任校（木更津市立木更津第一小学校）の実践である。

主として扱う内容項目／関連する内容項目

　本授業では、主として小学校学習指導要領におけるC［主として集団や社会との関わりに関すること］の［**規則の尊重**］（約束やきまりを守り、みんなが使う物を大切にすること。）、関連する内容項目としてA［主として自分自身に関すること］の［**善悪の判断、自律、自由と責任**］（よいことと悪いこととの区別をし、よいと思うことを進んで行うこと。）を扱うこととした。

1. 題材について

　本校では、特別支援学級においても道徳科の年間計画を作成し、教育課程上に位置付けていた。交流学級で道徳科の授業を受ける児童もいたため、特別支援学級における道徳科の授業は10時間程度としていた。教材は主に低学年の読み物教材を用いた。

○「くろぶたのしっぱい」（『小学どうとく ゆたかな こころ 2年』光文書院）

　食いしん坊で散らかしやのくろぶたは、ごみを捨てるのを面倒に感じていた。くろぶたは、野原や川にごみを捨てようとしたところ、近くに住む動物に注意された。そして、また他の場所に捨てようとしたとき、馬に「ごみはごみ捨て場に捨てるものだ」と注意された。くろぶたは「ぼくひとりぐらい、どこへ捨ててもいいでしょう」と返す。その言葉に対して馬がどう答えたかを考える題材である。

　授業では、教科書における「くろぶたの行為」から現実の「ごみ問題」を考えていくことで、道徳的課題を自分事として捉えることを促したい。学校行事として行った地域の清掃活動等を振り返る場面も設け、自身との関わりから道徳的価値の理解を深められるようにしたい。

　「規則の尊重」と「善悪の判断、自律、自由と責任」の二つの視点を設定することで、自分と違う意見に触れる機会をつくり、児童が多面的・多角的な考え方へと発展させていくことを期待している。

2．対象とする児童の実態

・小学校自閉症情緒障害特別支援学級1年生から4年生の児童5名
・どの児童も診断名はないが、自閉的傾向やADHDの傾向が見られる。
・知的な遅れは見られず、学年相応の会話はできる。
・自分の思いを伝えようとする気持ちが強く、授業で発表することは得意である。しかし、相手の意見を聞くことは難しく、話題から逸れてしまうこともあるため、話し合いでは、教師の仲介が必要である。
・対人関係面においては、断ることが苦手であったり、独特の表現が見られたり、他者の視点に立って考えることが難しかったりする課題をそれぞれの児童が抱えている。

3．ねらい／目標

○他者の考え方や議論に触れ、一面的な見方から多面的・多角的な見方へと発展することを促す。
○道徳的価値の理解を自分自身との関わりの中で深められるようにする。
○きまりの意義を考え、積極的に守ろうとする態度を養う。
○してよいこととよくないことの区別をし、よいことを進んで行おうとする態度を養う。

4．指導計画

　本実践を行うにあたり、「二つの意見」から自分の考えに近いもの選択させる授業を事前に行った。以下に授業の内容を示す。

時期	時間数	学習活動	指導内容
10/17	1h	「おかあさんとのやくそく」 ・主人公が友達をとがめる内容のメールを送るのをやめた理由について考え、話し合う。	考えのもととなる二つの意見を導入時に例示し、選択させる 　意見A：お母さんとの約束だから 　　　　（規則の尊重、善悪の判断） 　意見B：友達のことを考えたから 　　　　（友情・信頼）
10/24 (本時)	1h	「くろぶたのしっぱい」 ・うまが、ごみを勝手に捨てたくろぶたに対して言った言葉について考え、話し合う。	考えのもととなる二つの意見を導入時に例示し、選択させる 　意見A：「迷惑だぞ。きまりを守りなさい」 　　　　（規則の尊重） 　意見B：「いけないぞ。悪いことはやめなさい」 　　　　（善悪の判断）

5．授業の展開

学習活動	指導内容	指導上の留意点
○始めの挨拶をする。 ○地域清掃活動を思い出し、本時のテーマを知る。	○姿勢を正し挨拶をする。 ○清掃活動のときのごみの写真を提示し、そのときの様子や感じたことを発表させる。 ○ごみ問題について自分の経験から考えさせる。	○日直が号令をする。 ○ごみの写真を見せながら、児童が自由に発言できるようにし、授業中に積極的に発言する雰囲気づくりをする。 ○本時のテーマとなる「ごみ」について示すことで、話し合いの中心的な内容が理解できるよう促す。
○『くろぶたのしっぱい』のお話を聞く。 ○学習課題と「二つの意見」を知る。	○『くろぶたのしっぱい』を読み聞かせる。 ○学習課題「うまはくろぶたになんといっただろう」 ○意見A：「迷惑だぞ。きまりを守りなさい」（規則の尊重） 意見B：「いけないぞ。悪いことはやめなさい」（善悪の判断）	○注目や内容の理解がしやすいように紙芝居にして提示する。 ○お話の内容が分かるように適宜、場面絵を黒板に掲示していく。 ○積極的な発言を促すため、つぶやきを認める。 ○意見については分かりやすいように場面絵を添えて提示する。 ○「迷惑・きまり」「いけない・悪いこと」といったそれぞれの意見のポイントに注目させる。
○提示した「二つの意見」から片方を選択し、その理由について発表する。 ○補助発問や問い返しからそれぞれの意見について深めていく。 ○再度、うまのせりふを考え、ワークシートに書き込む。	○支持する意見とその理由について発表する。 ○「なぜきまりを守らないといけないのだろう」「いいこととはどんなことだろう」「どうしたらくろぶたはみんなと仲良くなれるだろう」 ○「うまはくろぶたになんといっただろう」 ○児童が書いたワークシートを教師が紹介する。	○児童が発表した言葉を板書したり、教師が復唱したりして他の児童の注目を促す。 ○理由を発表できない場合は、教師は無理に促さず、児童が話し合いの時間を通して、自分の考えに合う理由を見つけられるよう他の児童の意見に注目させる。 ○補助発問により論点がずれないようにしたり、児童が考えを深めたりすることを促す。 ○児童の自発的なつぶやきを大切にし、他の意見への反論や賛同の様子を見取る。 ○導入時に提示した意見の場面絵と同じものを用意し、自分だったらどんな言葉を言うか書かせる。 ○道徳的価値を自分自身との関わりの中でどう捉えているか見取る。 ○書くことが難しい児童には教師が聞き取りをする。 ○改めて地域の清掃活動も想起させる。
○終わりの挨拶をする。	○姿勢を正し挨拶する。	○日直が号令をする。

6．指導の工夫

（1）「二つの意見」

　対象とした学級の児童の課題として、話し合い自体の難しさがあった。論点がずれてしまったり、他者の話を聞き続けることや自分の考えを相手に伝えることが難しかったりする。こうした実態を踏まえて、中野（2015）による「二つの意見」の手法を授業に取り入れることとした。導入時に選択肢を与えることで、論点や立場が明確になり、授業のテーマとなる道徳的価値に関する話し合いを促すことができると考えた。「二つの意見」はそれぞれ異なる内容項目である。本実践では、『小学どうとく　ゆたかな　こころ　２年』（光文書院）を教材としているが、全て

の資料に「主たる内容項目」「関連する内容項目」が設定されており、「主たる内容項目」を意見A、「関連する内容項目」を意見Bとした。「二つの意見」は意見Aと意見Bが対立するものとはなりづらい。話し合いをしていく中で、それぞれの相違点や共通点を児童は見出していくこととなる。終末場面では、話し合いを踏まえて自分だったらどうするか考えていく。

（2）評価

　評価については、以下の二つの観点から授業中の発言や記述を見取ることとした。

①　他者の考え方や議論に触れ、自律的に思考する中で、一面的な見方から多面的・多角的な見方へと発展しているか。

　授業では、他の児童の意見を受けて同調したり、反論したりする姿を見取る。そのために、他の児童の意見に注目させることを積極的に行っていく。他の児童の意見や内容項目を受け入れたり、自分の考えとの違いに気付いたりすることを「発展」と捉えている。

②　多面的・多角的な思考の中で、道徳的価値の理解を自分自身との関わりの中で深めているか。

　終末場面において、「自分が登場人物だったらどうするか」「自分は現実の課題とどう向き合うか」という視点で考えているかどうかを見取る。

（3）コミュニケーションのサポート

　話し合いを児童同士で行うことが難しい実態があった。教師が仲立ちし、それぞれの児童のつぶやきや考えについて注目させたり、まとめたりする。このような間接的な話し合いも含めて本実践では、「話し合い」とした。ただし、教師が答えや考えを導きたい方向へリードするのではなく、あくまで児童の意見を尊重していく。論点がずれたときは、学習課題や「二つの意見」に立ち返るようにする。

（4）資料の提示

　授業の導入に絵や写真の資料を提示し、学習のテーマを分かりやすくする。その際、児童が日常的に目にしているものを選ぶことで、児童が学習に興味をもてるようにする。

図1　意見A

図2　意見B

図3　ワークシート

7.　実践を振り返って（成果と課題）

　本実践は児童の自発的なつぶやきや発表を中心としたものであった。日常会話ができる児童の認知面での実態や、日頃から児童に意見を発表させる場面を意識して多く取り入れている学

級の実態により、「話し合い」による道徳の授業が可能であったと考える。道徳の授業を行うにあたっては、他の時間においても、児童が自発的に考え、意見を発表する場面を意識して設定していくことが不可欠である。本実践では、終末場面において、ワークシートの記入を行ったが、言葉で表現することに課題がある児童もおり、ワークシートだけで評価することは難しかった。授業中のつぶやきを見取ることの必要性や話し合いの有効性を感じた。

　「ごみ問題」をテーマとしたが、児童は学校行事で行った地域の清掃活動を経て、問題意識をもっており、導入場面から児童のつぶやきや発表が多く見られた。

　「二つの意見」を取り入れた授業を2回行ったが、導入から終末までの間で、意見が大きく変わることはなかった。授業中に「ごみを捨てることは環境によくない」と発言していた児童は、終末場面のワークシートにも同じことを記述していた。しかし、話し合いの中で、同じ意見を指示する他の児童の意見からヒントを得たり、受け入れたりする姿も見られた。ワークシートに「ちりもつもればやまとなる」と記人した児童がいた。この児童は、先に挙げた「ごみを捨てることは環境によくない」と発言していた児童の影響を受けているようであった。授業後にワークシートの内容について個別に説明させると、「地球がごみだらけになっちゃう」と補足していた。この児童は、導入場面において、「ごみを勝手に捨てることは、捨てられた人が迷惑に感じる」という旨の発言をしていたが、他児童の考えに触れたことで、新たな視点から考えることができたようだった。このことは、より多面的・多角的な見方につながったものと捉えている。他の児童の意見は受け入れず反論し続ける児童もいたが、このことについても、最終的な意見は変わっていないものの、他の児童の様々な意見に反論したことで、より広い視点で自分の考えを深めたものと捉えている。

　学級には、低学年児童と中学年児童が在籍しており、それぞれの発達段階の違いも見られた。例えば、低学年児童は規範意識が強く、「掃除は絶対に大切」と考える傾向があったが、中学年児童は「掃除は大切だけど面倒な気持ちもある」と考える傾向があった。また、中学年児童は地球環境等幅広い視点から考える様子も見られた。学習指導要領には、全ての内容項目に低学年、中学年それぞれに異なる「指導の要点」が書かれており、このような違いがあることは当然である。様々な学年や発達段階の児童が在籍する特別支援学級において、同じ学習課題を共有して授業を行うことの難しさはある。しかしながら、道徳においては、多様な意見が出てくることにつながるのではないかと期待している。実際の生活を考えたとき、社会では、いろいろな価値観をしている人と関わりながら暮らしていく。道徳の授業で、児童が自分と違う価値観に出会うことは、自身の見方を広げる機会になるものと考える。

【文献】
中野啓明（2015）PISA型道徳授業の構想（2）. 敬和学園大学研究紀要（22）, pp115-130.

事例2　道徳科　　　　　　　　　　　小学校　特別支援学級

よい友達って何だろう？

太田　啓介（東京都町田市立南つくし野小学校）

主として扱う内容項目／関連する内容項目

　本授業では、主として小学校学習指導要領におけるB［主として人との関わりに関すること］の［**友情、信頼**］（友達と互いに理解し、信頼し、助け合うこと。）を扱うこととした。

1．題材について

　本学級は児童数22名、担任4名で構成されている。国語、算数、道徳の学習は、発達段階や年齢を考慮したグループで行っている。その中で、道徳は年間35時間（1年生のみ34時間）の学習を設定している。

　小学校1年生から6年生までが在籍している本学級では、上級生が下級生を助ける場面をよく見かける。自身が下級生の頃に上級生からお世話をされたことを覚えていたり、上級生の姿を目の当たりにするようになったりすることで、自然とそのような上級生像を目指していくようになるのでは、と考えている。一方で、同学年同士や近い学年同士の関わり合いの中で、物の貸し借りや金銭でのトラブルなど生活指導上の問題が発生していたり、上下関係が発生していたりと、対応すべき問題が発生していた。社会的なルールの指導や定着が不十分であったことも要因として考えられるのだが、友達とどのように関わるのが望ましいかという考え方と、それを実行できる力を育てられていないという反省点があった。こうした背景から、望ましい友達との関わり方を理解できるような指導を行う必要性があると考えた。

　本題材の学習を通して、友達のよさに気付き、大切な存在であることを実感させたい。その上で、友達とのよりよい関係を構築できるようになることを目指したい。

2．対象とする児童の実態

・小学5年生男子3名、小学6年生男子3名、計6名のグループ
・入学時より特別支援学級に在籍している児童が3名、校内あるいは他校の通常の学級から本学級に転籍してきた児童が3名いる。
・グループには知的障がい、自閉スペクトラム症、学習障がい等の児童が在籍している。理解の程度や学習の定着には、グループ内でも差が見られる。自分の考えを積極的に表現できる児

童がいる一方で、自分の考えを組み立てることや、それを表出することに苦手意識のある児童が多い。

・「友達」のあり方も様々である。他の児童と関わる機会が少ない児童がいる一方で、放課後や休日に友達と遊ぶことが多い児童もいる。その関わり方についても、上級生と「何となく同じように行動する」「言われるがままに動く」といったことがあり、必ずしも良好な友人関係を築いているとは言えなかった。どのような関わり方が望ましいのか、理解と行動に結び付くような取組が必要であると考えた。

3. ねらい／目標

○友達同士で互いに助け合うことの大切さを感じ、友達を大切にしようとする態度を育てる。

4. 指導計画

時期	時間数	学習活動	指導内容
10/28 (本時)	1h	・NHK for schoolの動画コンテンツ(「もやモ屋」の「ぼくの友だち」の回)の視聴。 ・動画コンテンツの内容から、発問を中心に自分の考えを表明、交流する。	・友達同士で互いに助け合うことの重要性を知り、「よい友達」についての理解を深める。

5. 授業の展開

学習活動	指導内容	指導上の留意点
○始まりの挨拶 ○前時までの振り返りと本時の学習内容を知る。	○事前に取った「よい友達」についてのアンケートの結果を示し、「よい友達」にはいろいろな考え方があることを知る。	○プロジェクターを使って提示する。追記する事項はプロジェクターの電子黒板機能を使い、その上に記入する。
○「NHK for school」の「もやモ屋」の「ぼくの友だち」の回を視聴する。 ○ラストシーンについての発問「エイキくんは、もし何か話すとしたら何を話しただろうか?」について考え、自分の考えをClassroomに書き込む。	○動画を見て登場人物の行動、場面の様子について知り、特に主人公(エイキ)と田岡くんの関わり方について自分の考えをもつ。 ○エイキはどうしたらよかったと思うか、自分ならどうするか、場面の状況などを踏まえた上で、自分の考えを整理して表現する。	○教員用Chromebookをプロジェクターに接続し、動画コンテンツを再生する。 ○発問に関連する場面をプロジェクターで示し、場面のことを想起しやすくする。 ○自分の考えを組み立てることができない児童には、「はい」「いいえ」の2択で考えてもよいことを伝える。 ○他の児童がClassroomに書き込んだ内容を参考に、自分の意見を書いてよいことを伝える。 ○文字入力が難しい児童には、適宜正しい入力の仕方を伝える。 ○ラストシーンをプロジェクターに示し電子黒板機能で吹き出しを書き込むことで、発問が意味するところを分かりやすくする。
○書き込まれた内容について、その理由などを交流する。	○書き込まれた理由などから、「友達だ」と言えば自分がいじめられるかもしれない、「友達でない」と言えば田岡くんを裏切ること	○一つ一つの考えを尊重し、うまく理由が答えられない場合には、教師が「こういうことではないか?」と推測したものを確認す

	になるという難しい状況であることを知る。	る。
○発問「田岡くんはなぜエイキのところへ来たのだろう?」について考え、自分の考えをClassroomに書き込む。	○エイキは田岡くんに助けられたが、田岡くんもエイキを頼り、助けを求めていたかもしれない、ということに気付く。	○発問に関連する場面をプロジェクターで示し、場面のことを想起しやすくする。 ○田岡くんとエイキのやりとりを取り上げ、それまでさほど親しい間柄ではなかったこと、徐々に2人が仲良くなったことに触れ、それをヒントに考えることを促す。 ○他の児童がClassroomに書き込んだ内容を参考に、自分の意見を書いてよいことを伝える。
○発問「エイキは田岡くんを助けたいと思わなかったのだろうか?」を通して、「よい友達」について改めて考える。	○ラストシーンで「エイキは田岡くんを本当は助けたい」「田岡くんはエイキにこの状況から助けてほしい」という状況になっていることに気付かせる。 ○自分自身のこととして、友達を助けた経験や、助けられた経験について振り返り、よい友達とはどのような関係であるかを知る。	○発問に関連する場面をプロジェクターで示し、場面のことを想起しやすくする。 ○プロジェクターで示した画面の上に、児童の発言やそれに関連する他児の発言、学習中のやりとり等を書き込む。

6. 指導の工夫

（1）NHK for school の活用

　教材として、「NHK for school」の「もやモ屋」（小学校３年生〜４年生向け）を視聴した。これまでの道徳の学習で、教科書などを「読む」ことで題材に入っていく学習を行ったことがある。児童によってはこれまでの学習経験から、読むことで教科書の内容を十分に理解して学習活動に取り組むことができた。しかし読むこと自体を苦手としている児童にとっては、内容を理解する以前の段階で、学習に行き詰まることがあった。児童が理解しやすい学習形態を模索していく中で、「NHK for school」の動画を活用する学習形態にたどり着いた。動画コンテンツの視聴は、読むことを苦手とする児童にとって、内容を理解しやすいものであった。また、動画コンテンツであるがゆえに、「ラストシーンから学習を始める」「想起のため、必要な場面のみをもう一度見る」といった使用が可能である。これもこの学習形態の大きなメリットの一つである。「NHK for school」の作品の中で、児童が状況を理解しやすいストーリーであること、ストーリーを踏まえて考える契機となる内容であることなどを考慮して、在籍児童の学年よりは下の学年を対象とした番組ではあるが、「もやモ屋」を使用することとした。

　これまでに「もやモ屋」を活用した学習を行なってきた中で、登場人物のことや場面のことについての児童のつぶやきが多く見られた。今回の学習で使用した「ぼくの友だち」を視聴中、

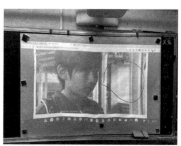

図1　動画コンテンツの提示と書き込み

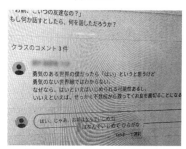

図2　Classroom への入力

不登校状態の主人公が学校へ行ったシーンを見て、「いい話だ」「でも、これ『もやモ屋』だから何かあるかも」という児童のつぶやきがあった。これまでの学習の積み重ねで、教材をもとに考える、という学習のスタイルが定着したものと考えた。

（2）ICT 機器の活用

図3　ローマ字表を使っての
　　　入力補助

　町田市では、児童の学習用、教員の校務用 PC として各学校に Chromebook が導入された。また、各教室には電子黒板機能を有するプロジェクターが設置された。本校では 2019 年度に導入され、このグループでは導入直後から積極的に Chromebook を学習の中に取り入れてきた。今回の学習では児童が意見を表明する際には、学習場面において Chromebook 活用の基盤となるシステムである G suite for Education（現 Google Workspace）の Classroom を使用した。ここに発問を教師が書き込み、児童はそこに自分の考えを記入する。先に入力された内容が表示されるため、友達の意見

図4　電子黒板で児童の
　　　意見の追記

を参考に記入できる。自分の考えを組み立てることが難しい児童には、友達の意見を教師が直接取り上げ、その中から自分の考えに近いものを「選択」できるようにした。ローマ字入力が難しい児童にとっては、ローマ字表を手元に置いたり、教師が直接指導したりすることで、入力の補助とした。また、教員用の Chromebook はプロジェクターに接続し、動画コンテンツの再生や場面の提示、児童の意見の追加書き込みなどを行った。

7. 実践を振り返って（成果と課題）

　「友達」という題材は、児童にとって当たり前のように存在しているものであり、あまり意識をすることはなかったかもしれない。しかし、今回道徳の学習の題材にしたことで、友達という存在の重要性に気付く契機となったのではないだろうか。事前に児童から集めた「友達」のイメージでは、「一緒に遊ぶ」「一緒にゲームができる」といった発言が多く見られた。一方で、この学習を行う中で「友達だから助けたい」「友達になりたいと思っていた」といった発言が出てきて、「友達とは何か？」という問いに対して、各自が考え方を深めることができたと考える。

　しかし、「友達を助けた経験」や「友達に助けられた経験」を尋ねると、出てきたものは幼稚園や保育園時代の経験談が多く、現在の話は非常に少なかった。「意識はしていなくても、実は助けたり助けられたりしている」こともあるだろうが、助け合うことの大切さはまだ十分に身に付いているとは言えないとも感じた。現実の行動に移せるようになるのはまだ先で、助け合うことの大切さが身に付いたと言えるような、今回の学習が本当に成果を挙げることができた状態になったかどうかは、児童の態度や行動が実際にどう変容したかで判断したいと考える。

事例3　道徳科　　　　　　　　　小学校　特別支援学級

じぶんのキラキラをみつけよう

東森 清仁（横浜市立仏向小学校）

主として扱う内容項目／関連する内容項目

　本授業では、主として小学校学習指導要領におけるＡ［主として自分自身に関すること］の［**個性の伸長**］（自分の特徴に気付くこと。（低学年）、自分の特徴に気付き、長所を伸ばすこと。（中学年）、自分の特徴を知って、短所を改め長所を伸ばすこと。（高学年））を扱うこととした。

1. 題材について

　本校では、通常級の道徳の教育課程に準じて特別支援学級の道徳の教育課程および年間計画を作成し、実際の授業においては児童の実態に合わせて動画視聴やロールプレイなどの活動を取り入れている。

　「個性の伸長」の指導の中では、児童が具体的な生活の中で自分自身の長所により多く気付き、そのよさを伸ばしていくことや、友達など他者との交流の中でお互いを認め合い、自己を高め合うこと、長所を伸ばそうとする意欲を引き出すことが大切とされている。また、学習指導要領には中学年以降の指導の要点として、自分の特徴に気付くということを自分の長所だけではなく、自分の短所にも目を向け、多面的に特徴を捉えることが大切とされている。

　上記の内容を踏まえ、今回の授業では、低学年の指導の要点にあるような、「友達に自分のよさを見つけてもらい、褒めてもらうことを通して自分のよさや長所に繋がることに気が付くこと」に取り組んでいくために、本時の前段階の導入として日常生活の中でお互いのよさを見つける活動や、見つめてもらった自分のよさをワークシート上で整理分析する学習を取り入れた。また、ワークシートの分析の中では、児童の実態に応じて長所だけでなく短所に気付き、課題として改善していこうとする意欲を高めるための教師との対話的な学習場面を個に応じて設定した。

　また、児童のそれぞれの学びをより深めるために、プログラミングアプリ「Viscuit」で自分の気付きを視覚的に表現しながら整理していく活動を取り入れ、発表に向けて思考を整理していく中で自分がよりよい姿になるためにどのように変容していけばよいのかを考えられるように単元設定を行った。

2．対象とする児童の実態

・授業実践時の本学級には1年生から6年生まで13名の学齢の異なる児童が在籍しており、同じ学齢であっても児童の発達段階は多様である。

・知的障害、自閉スペクトラム症等の児童たちで構成され、障害の程度や学習特性も多様であり、幅広い発達水準の児童が一緒に学校生活を送っている。

・個性の伸長という観点について普段の児童の様子を観察してみると、友達への思いやりのある発言があったり、頑張って机を運んでいる様子があったりと、それぞれの児童における長所をたくさん見取ることができる。

・しかしながら、自分自身で自己の個性について客観視することは難しい。また、お互いのよさに目を向けることも、普段の生活の中では意識していることは少ないのではないかと考えられる。

・総務省事業「若年層に対するプログラミング教育の普及推進事業」※における実証授業の中で、プログラミングアプリ「Viscuit」を児童が活用してきた。

　※ https://www.soumu.go.jp/programming/digitalpocket.html

3．ねらい／目標

○友達に自分のよさについてまとめたことを伝えることで、自己の個性についての理解を深める。

4．指導計画

【事前の指導】本時に向けて、児童の自己理解を促すために下記のような事前指導を行った。

・日常生活の中で、「ともだちのキラキラさがし」を楽しむことで、道徳的価値に目を向けさせる。

・見つけてもらった自分の「キラキラ」を整理することで、自分の個性に気付かせるとともに、発表準備の中で対話的に学びを深めていく。

指導の内容	指導上の工夫など	
○学級目標の項目「なかよし」「たすけあい」などのめあてに沿って、日常生活の中で友達のよいところ見つけを楽しむ。 ○友達に見つけてもらった「キラキラ」の付箋を「おもいやり」「たすけあい」などの項目ごとにまとめ、自分に多く集まっている付箋が長所であることや、集まらない項目が短所になることに気付かせる。 ○ワークシートを整理して気付いたことを友達に伝えるため、Viscuitでプレゼンテーション形式にまとめる活動の中で、担任と対話的に自己の個性についての理解を深めていく。	○児童が見つけた「キラキラ」を担任が色分けした付箋にメモし、用意しておいた教室の表にその都度掲示していく。 ○付箋を整理するためにワークシートを用意し、自分の特徴を視覚的に捉えられるようにする。 ○ワークシートから読み取った自分の個性と「なりたい自分」とを比べさせたり、プログラミングを進めながら自分の中での思い描く姿をより明確にイメージしたりできるようにする。	

【本時について】

時期	時間数	学習活動	指導内容
12/9 (本時)	1h	・友達に自分のキラキラを伝えよう ・友達の発表を聞き、真似してみたいキラキラを見つけよう	・学習の中で気付いた自分の長所や短所について、Viscuit を活用して友達に向けて伝える。 ・友達の発表を聞き、自分の生活に必要な考え方や行動を考える。

5. 授業の展開

学習活動	指導内容	指導上の留意点
【導入】	○本時の流れを確認する。 ①　めあてのかくにん ②　やくそく ③　はっぴょう ④　ふりかえり	○グループごとに分かれての活動になるため、本時の流れを最初に確認をし、内容を掲示する。
【展開前段】	○一人一人の個人のめあての確認をする。 ○発表の約束を確認する。 ○自分の学びを発表する。 ・Viscuit の機能「タッチ」を使って、絵を切り替えながら自分の長所や、短所、これからなりたい自分の姿などを視覚的に表現しながら友達に発表する。	○事前指導の中で個人のめあてを決めておき、本時での学習参加の意欲へと繋げられるようにする。 ○発表初めの挨拶、終わりの挨拶、機器操作の対応などの基本的な約束を担任と一緒に確認する。 ○ Viscuit の画面で描いたイラストを印刷しておき、発表する言葉をイラストと関連付けてメモして手元に置いておくなど、個に応じた発表に対しての支援を行う。
【展開後段】	○個人の振り返りを行う。	○本時におけるめあての達成度合いを確認するとともに、発表内容に対しての評価を行う。 「自分のよさに気が付けたね」 「素直な自分になれるように頑張ろうね」 「仲良しのキラキラを増やせそうだね」
【終末】	○他のグループの児童の発表も、それぞれの机上のタブレットで操作を行いながら交流する。	○様々な児童の発表を通して気が付いたことを、日常の実践に生かしていくことが大切である点を確認する。

6. 指導の工夫

(1) 日常生活の中で、学習の「材」を見つける

　学習計画については、これまでの道徳の学習や自立活動の学習の経緯を踏まえ、教科書などの読み物教材を使用せずに独自の教材として「じぶんのキラキラをみつけよう」を設定した。事前指導の中で好ましい行いを「キラキラさがし」として日常生活でお互いのよさをみつける活動を行った。

（2）課題別グループ

　「個性の伸長」の学習内容が指導要領の中で中学年以降短所にも目を向けていくことが必要とされていることを踏まえ、児童の発達段階に応じて課題に対しての取組のグループを2つに分けた。

（3）他単元との関連、学校行事との関連

　児童は以前、国語で「Viscuit を使って自己紹介をしよう」という活動に取り組んでいた。その経験が本単元でも学びの中での気付きをプログラミングで表現することに繋がった。また、冬休み明けの全校朝会での発表でも本学習での取組を全校児童に発信することができた。（後述）

（4）ICT の活用

【動画資料の活用】

　NHK の番組「で～きた」の中から、児童が生活の中で好ましい行い（元気な挨拶や、友達への手助け）をしている場面を抜粋し、視聴する中で生活の中にある「よさ」に目を向けることを意識できるようにした。また、教師によるロールプレイを見て「どのような好ましい行い」があったのかをみんなで考えることで、友達の行為の中からよさをみつけることを具体的に実感することができた。

【プログラミングアプリ「Viscuit」の活用】

　プログラミングアプリ「Viscuit」は、数値入力を伴わないビジュアルプログラミング言語であり、児童が自分の思いを絵に描き、視覚的に整理しながら思考を深めていく活動に適した教

図1　番組視聴の様子

図2　Viscuit での作成画面

図3　実際の発表画面①

材である。今回の実践の中では、自分の描いた絵を画面上でタッチすると別の絵に切り替わったり、複数の絵が飛び出したりするプログラムを Viscuit で作成しながら、自分の個性についての気付きをより深めたり、友達に伝えたりすることができた。

7. 実践を振り返って（成果と課題）

　今回の授業での取組を進めていくうちに、日常生活の中で学級の友達の「よいところ」に目を向け、子供たちがそのよさを認め合うことができるようになったことが、生活の中での大きな成果であった。また、冬休み明けの全校朝会では本学級の児童が体育館のスクリーンに Viscuit の画面を投影し、「時間を守って行動できるようになりたい」「食べ物の好き嫌いをなくしたい」「友達と、たくさん仲良くしたい」と、学習の中で気付いた自分の思いを全校の児童に向けて発信することができた。特別支援学級の学習内容を全校に共有できるとともに、教科学習の中でのプログラミング活用の事例紹介としても有意義であった。

　学習の中で、児童は自己を見つめ、自分の長所や短所に気付くことができた。しかしながら、自己の変容について一番大切なのは、その後の日常の中での一人一人の行動や考え方がいかに良い方向に向かって成長していくかである。今回のような取組を、そのための一つのきっかけとして大切にしつつも、今後の生活の中の変容を教師が見取り、児童に対しての支援や評価などを根気よく行っていくことが何よりも大切であると感じた。

図4　全校朝会での発表の様子

図5　実際の発表画面②

事例4　生活単元学習	小学校　特別支援学級

お世話になった方にお礼の手紙を書こう

森田 寛之（東京都八王子市立第二小学校）

主として扱う内容項目／関連する内容項目

　本授業では、主として小学校学習指導要領におけるＢ［主として人との関わりに関すること］の［**感謝**］（家族など日頃世話になっている人々に感謝すること。）を扱うこととした。

1. 題材について

　「生活単元学習」では、児童一人一人が日々の学習で積み重ねてきた力を、より日常生活の中で使える力にするために、児童の生活に即して単元を設定している。本校では毎年度2学期に宿泊学習を行っている。家庭を離れ、自分の身の回りのことが自分でできるようになるというねらいのもと、宿泊学習本番だけではなく、事前学習や事後学習も含めて様々な教科の要素を取り入れて学習を進めている。本題材は事後学習にあたる。宿泊学習を写真で振り返り、お世話になった施設の方などにお礼の手紙を書くことを通して、宿泊学習のまとめとした。なお、本学級では、年間35時間「特別の教科 道徳」の時間が設定されており、行事や学校生活等と関連付けながら指導内容を工夫して取り組んでいる。

　自分がお世話になっている方に感謝の気持ちをもち、それを伝えることは、将来自立した生活をし、多くの人と関わる上でとても大切だと考える。しかし、普段の児童の様子を見ていると、相手に伝えたい思いや考えがあっても、うまく言葉で表現できなかったり、文章で書けなかったりすることがある。また、素直に表現することが苦手で、思っていることとは反対のことを言ってしまうことも多い。そのため、安心して自分の気持ちを表現できるクラスの雰囲気づくりを行うとともに、国語の作文・絵日記指導を行い、4コマ漫画を教材にして絵に合うお話を自分で考えたり、定期的に日記を書いたりするなど、考えたことを表現する機会を意図的に設定してきた。その中で少しずつ自分の考えを表現することに自信がもてるようになってきた。

　本題材では、日々の学習の中で積み重ねてきた力を活用し、「手紙」という形式で、宿泊学習でお世話になった方に感謝の気持ちを伝えることとした。本題材を通して、感謝の気持ちを相手に伝える大切さを理解し、日常的に感謝の気持ちを伝えようとする態度が育まれることを期待している。

2．対象とする児童の実態

・小学校特別支援学級（知的固定）5年生4名
・5年生4名中3名が通常の学級からの途中転入である。そのため、学習の状況が一人一人大きく異なる。教科の学習では、児童一人一人の学習の状況に合わせて支援に軽重をつけたり、課題の量や難易度を工夫したりし、個々の学習の状況や実態に応じた指導が行えるようにしている。
・相手に伝えたい思いや考えをもっているが、文章や言葉でうまく伝えられない児童が多い。
・感謝の気持ちを伝える大切さを理解はしているが、「ありがとう」という咄嗟の一言が出てこない児童もいる。何かをやってもらって当たり前ではなく、自分を支えてくれている周りの人に日常的に感謝の気持ちが伝えられるようになるとよい。

3．ねらい／目標

○感謝の気持ちをもつ大切さを知り、感謝の気持ちを素直に相手に伝えようとする態度を涵養する。

4．指導計画

時期	時間数	学習活動	指導内容
9/14	1h	・写真を見て宿泊学習を振り返る。	・写真を見て、宿泊学習での出来事や、周りの人が自分たちにどのように関わってくれたかを思い出す。
9/18 （本時）	2h	・宿泊学習でお世話になった方にお礼の手紙を書く。	・手紙を書く相手を決め、丁寧な字でお礼の手紙を書く。
9/30	1h	・手紙が相手にどのように届くかを知る。 ・相手の住所や名前、差出人の名前や住所などを記入する。	・スライドを見て、手紙を出した後、どのように相手の郵便受けまで運ばれるかを学ぶ。 ・相手の名前や住所、差出人の名前の書き方を知り、丁寧な字で封筒に記入する。
9/30	1h	・郵便局に実際に手紙を出しに行く。	・公共の場での言葉づかいやふるまい等を確認し、実践できるようにする。

5．授業の展開

学習活動	指導内容	指導上の留意点
○始まりの挨拶 ○前時までの振り返りと本時の学習内容を知る	○姿勢を正し挨拶をする。 ○手紙を出す相手について考える。 ⇒写真を見ながら、手紙を誰に出したらよいかを考える。 ○感謝の気持ちを伝えるために、どのように手紙を書けばよいかを考える。	○日直が号令をする。 ○宿泊学習でお世話になった方が思い出せるように、大型テレビで写真を提示する。 ○手紙を出す相手を板書し、誰に手紙を書けばよいかを明確にする。 ○字を丁寧に書くことや丁寧な言葉づかいで文章を書くことなどを押さえ、板書する。

○作文の表記の約束を確認する ○お礼の手紙を書く	○国語科で学習した文作りの際の表記上の約束を思い出す。 ○初めに自分が手紙を書きたい相手を決め、書き進める。 ＊書き終わった児童は、他の相手にも手紙を書くように伝える。	○作文の表記上の約束を黒板に掲示し、振り返れるようにする。 ○必要に応じて、漢字や文章の表記についての指導を行う。 ○タブレットPCを用意し、児童が宿泊学習中の写真をいつでも見られるようにしておく。 ○必要に応じて文章を読み返し、表現の重複や脱字がないかを確認するように伝える。 ○終了の時刻をタイマーを用いて示す。
○書いた手紙を発表する ○まとめと振り返り ○終わりの挨拶	○自分が書いた手紙の中から1枚を選び、友達の前で発表する。 ○教師の説話を聞く。 ⇒児童一人一人の手紙の内容に触れ、日常的に感謝の気持ちを伝える大切さを確認する。 ○姿勢を正し挨拶をする。	○発表の前に「ゆっくり、はっきり、大きな声で」発表することを確認する。 ○日直が号令をする。

6. 指導の工夫

（1）自分が経験したことを題材に

　宿泊学習は児童が1年間でもっとも楽しみにしている行事の一つである。そのため、宿泊学習を通して多くの「楽しい」出来事に出会うことができると考えられる。普段の学習では、なかなか書く内容が決まらず、文章を書くことに抵抗感をもっている児童もいるため、宿泊学習を題材にすることで、書くことへの抵抗感をできるだけ減らすことを意図した。

（2）役割意識を高める

　本学級には現在6年生が在籍しておらず、5年生が最高学年である。宿泊学習でも事前学習の段階からリーダー的な立場で下学年の児童に声をかけ、4名それぞれが役割意識をもって行事に参加することができた。本題材でも「5年生が代表でお礼の手紙を書く」ことを活動前に伝え、児童の役割意識が高められるようにした。

図1　大型テレビ（写真掲示用）

（3）普段の学習との関連

　今年度、国語科を中心に、作文指導に重点を置いてきた。段落の構成の仕方や句読点、鉤括弧の使い方等作文の表記の約束について繰り返し指導を行ってきた。本題材においてもそれが活用できるように、手紙を書く前に表記の約束を確認した。

（4）ICTの活用

　宿泊学習の振り返りをする際に、大型テレビを活用し、時

図2　タブレットPC（写真確認用）

系列に沿って当日の写真を提示した（図1）。宿泊学習で関わりをもった方との具体的な出来事を思い出し、手紙の内容を決める際の手掛かりにすることができた。

　また、本時では、タブレットPCを用意し、活動中に児童が自分で宿泊学習の写真を確認することができるようにした（図2）。書く内容を決めたり、内容を深めたりする際の一助とすることができた。

7. 実践を振り返って（成果と課題）

　本授業では、「お礼の手紙を書く」ことを通して、自分なりの言葉で、宿泊学習でお世話になった相手（バスの運転手さん、宿泊施設の方、利用施設の方など）に感謝の気持ちを伝える活動を行った。普段の生活の中であまり手紙を書いたことがない児童も多かったが、5年生が学級の代表として手紙を書くという使命感もあり、意欲的に活動に取り組むことができた。

　児童はこの活動を通して、相手にやってもらってうれしかったことや相手との関わりの中で感じたことを真剣に考え、バスの運転手さんには、「私たちのためにバスを安全に運転していただきありがとうございました。2日間とても楽しかったです」、宿泊施設の方には、「2日間ありがとうございました。ぼくは、お風呂に入ったことと、夜にやった花火が楽しかったです。また行きたいです」などと一字一字丁寧に文章を書き進めていった。児童にとって、宿泊学習が楽しい思い出がたくさん詰まったものであったため、具体的な出来事が想起しやすく、普段は文章を書き進めるのに時間がかかる児童も比較的スムーズに手紙を書き進めることができていた。

　本題材を通して、児童が感謝の気持ちを素直に伝える大切さに気付き、日常生活でそれを気軽に伝え合えるようになるとよい。そのためには、今回のような活動を行うとともに、教師側が日常的に児童に「ありがとう」という言葉を使うことも大切だと考える。児童にとって身近な大人である教師が「ありがとう」という言葉を使う姿勢を示すことで、より今回の活動が日常生活で生かされるのではないかと思う。実際に、中には何かをやってもらったときに「ありがとう」という一言が自然と出てくるようになった児童もいる。自立した社会生活を営む上で、自分に関わってくれる方に常に感謝の気持ちをもって接することは、とても大切なことである。これからもその素地を育めるように、学校生活全般を通して指導していきたい。

図3　活動中の児童の様子

図4　本時の板書

事例5　道徳科　　　　　　　　　　　中学校　特別支援学級

仕事について学ぼう

下田 久美子・西尾 久美子（文京区立第三中学校）

主として扱う内容項目／関連する内容項目

　本単元では、主として中学校学習指導要領におけるB［主として人との関わりに関すること］の［**礼儀**］（礼儀の意義を理解し、時と場に応じた適切な言動をとること。）とC［主として集団や社会との関わりに関すること］の［**勤労**］（勤労の尊さや意義を理解し、将来の生き方について考えを深め、勤労を通じて社会に貢献すること。）を扱うこととした。

1．題材について

　特別支援学級の生徒が社会の中で生活していくには、礼儀をもって人と接すること、勤労を通じて社会に貢献することが欠かせない。そこで、学級や学校、及び公共の場で他者と円滑に関われるよう、実際に体験をさせることが社会に出るうえで重要になってくると考える。ここでは、教科横断的な学習を通じて、礼儀と勤労について考え、行動する力を高めることをねらいとした。例年2年生に実施している職場体験や中学校卒業後の就労に向けた実習を考慮し、礼儀と勤労の視点から働くことの意義を理解しておくことは、就労・勤労意欲の向上にも繋がると考える。

　具体的には、道徳の内容を取り入れ、活動のねらいを以下のように定めた。

・道徳科：場に応じた挨拶や適切な言葉を用いることで、他者とよりよい関わりができることを学ぶ。働く意義について学び、他者の発表から勤労についての考えを深める。
・国語科：インタビューに用いる基本的な言葉の使い方、適切な表現を学ぶ。校内でのロールプレイを通し、自己の言動を振り返り、校外でのインタビューに繋げる。
・社会科：自分たちの地域における地理的環境や人々の生活の様子を自分との関わりで捉える。

2．対象とする生徒の実態

・中学校特別支援学級（知的固定）1年生〜3年生の生徒10名（男子4名、女子6名）
・障害の程度や学習の特性は多様であり、幅広い発達水準の生徒が在籍している。
・学習の内容に応じて適宜グループ別に授業を実施している。
・言語活動が活発な生徒も多く、その中でトラブルに繋がるケースがある。相手の表情や気持ちを読み取り、双方向のコミュニケーションをすることが目標である。

・人と関わることを好み、大人（教員、支援員等）と関わることができるが、同年代の生徒同士の関わりに課題がある。

・連絡、報告、相談する場面において、適切な言葉づかいや態度で状況を説明することを目標にしている。

3．ねらい／目標

○礼儀の大切さを知り、時と場に応じた適切な言動で相手に接する態度を育む。

○職業インタビューを通し、勤労の意義を理解し、勤労を通じて社会に貢献する態度を涵養する。

4．指導計画

時期	時間	教科	内　容	指導内容
5月	1時間目	道徳	・働くことについて考える。 ・道徳科教科書「働くということ」（内容項目：勤労）を読む。	・地域にはどんな仕事があるかを出し合う。 ・「働くこと」について自分なりの仕事の捉えを言葉で表現する。【思考力、判断力、表現力等】 ・教科書を読み、職業聞き取り学習で聞いた、お寿司屋さんと和菓子屋さんの話から、働くことの意義について考える。
	2時間目	社会	・職場選び ・地図作成練習（個人活動）	・地域の仕事リストから興味のある職場を選び、選んだ理由を書く。【思考力、判断力、表現力等】 ・職場の場所について調べ、場所を地図に書き込む。【知識及び技能】
	3時間目	社会	・地図作成（グループ活動） ・インタビュー内容を考える。（グループ活動）	・タブレットPCを活用し、目的の場所の住所を調べる。【知識及び技能】 ・グループごとにインタビューの場所を決め、インタビューしたい内容を考え、適切な言葉で表現する。【思考力、判断力、表現力等】
6月	4時間目	国語	・ロールプレイ 　校内でのインタビュー練習 　（グループ活動）	・礼儀の大切さを知り、適切な言動で相手に接することで、相手と良い関係を築けることに気付く。【思考力、判断力、表現力等】 ・録画しておいたインタビューの様子を、教室で振り返る。【思考力、判断力、表現力等】
	5時間目	社会	・フィールドワーク 　地域でのインタビュー 　（グループ活動）	・グループで協力しながら、インタビューを行う。【思考力、判断力、表現力等】 ・相手の立場を考え、場に応じた言動を心掛ける。【知識及び技能】 ・働く上で、苦労していること、うれしいこと、大切にしていること等について聞き取る。【知識及び技能】
	6時間目	社会	・インタビューのまとめ ・発表練習 　（グループ活動）	・インタビューの様子を録画したものを見ながら、内容をまとめ、発表原稿を作成する。【思考力、判断力、表現力等】 ・聞き手に伝わりやすい話し方を工夫する。【思考力、判断力、表現力等】

6月	7時間目（本時）	道徳	・グループ発表 ・働くことについての再考	・主体的に発表に参加する。【思考力、判断力、表現力等】 ・1時間目の道徳で書いたワークシートを参考にしながら、インタビューを通して感じた「働くこと」について理解を深める。【知識及び技能】

5．授業の展開（7時間目）

学習活動	指導内容	指導上の留意点
○めあてと流れを確認する	○単元を通してのこれまでの取組を振り返り、本時はそのまとめであることを理解する。 	○本時のめあて、発表の順番を黒板に提示する。<焦点化> ○各班で、聞く姿勢を整えるようティームティーチングで支援する。 ○発表のルール、聞くマナーを生徒と共に確認しながら、黒板に提示する。
○グループ発表 発表の流れ ①挨拶 ②発表 ③質問タイム ④挨拶	○始まりと終わりの挨拶のときに、聞き手は拍手をする。 ○話し手は声の大きさ、テンポに気を付け、相手に伝わりやすい話し方を心掛ける。 ○質問タイムでは、適切な言動を用いて、質問する。	○キーワードと映像をパワーポイント資料にまとめ、電子黒板に提示する。<視覚化> ○聞く時間と質問の時間が見分けられるよう、絵カードの「耳」「挙手」を提示する。<視覚化> ○MTは進行、STはグループごとの支援を行う。 ○グループごとに、発表それぞれでよかった点を伝える。(ST)
○振り返り ・発表の感想 ・「働くこと」についてのまとめ	○発表を終えた感想をグループのリーダーを中心に挙手をして発言する。 ○1時間目の道徳で書いたワークシートを基に、インタビュー後に新たに気付いたことなどを入れて、自分なりに勤労についての考えを記入する。	○MTがそれぞれのグループのよかったところを述べ、生徒の発言に繋げる。 ○各班の発表から、勤労について価値付けをしている言葉を掲示し、共有する。<共有化> ○自己の考え方の変化等を見て、勤労に対する理解を深めさせる。

6．指導の工夫

（1）体験を通し道徳的実践力を高める

　特別支援学級において、道徳的心情、道徳的態度を育てる指導は、具体的な場面を想起し、自己の課題を理解できる体験的な学習や実践的な場での積み重ねが必要である。本単元は、国語における言語的な指導、社会における地理的学習、職業的内容の指導を組み合わせて単元を構成するとともに、身近な地域社会の人々と触れ合う機会を設定し、勤労についての考えを深めることを目標とした。

（2）年間指導計画との関連

　本学級の道徳科の年間指導計画は、学校生活・学校行事と関連させており、道徳的心情を深めながら、行事や日常生活に取り組めるようにしている。例えば、今回の単元と総合的な学習の時間の年間指導計画との関連については以下のようになる。

　　・1年生は、職業調べと職業講話の事前学習になるようにする。
　　・2年生は、1年生での学習をさらに深め、職場体験に繋げる。
　　・3年生は、1、2年生での学習を思い出しながら、理解を深める。

（3）グループ分け

　主体性をもたせるために、教員が選定した6つの候補地から、インタビュー先を選ぶ希望調査を行った。生徒同士の相性や言語活動の様子を考慮しながら4つのグループを編成した。生活経験の幅があり、異学年である生徒を混ぜ、グルーピングすることで、お互いに協力し、学び合えるようにした。

（4）指導の工夫

・地域資源の活用…インタビュー先は、身近にあり、本校に関わりのある場所を中心に選定した。
・ICT機器の活用…タブレットPCを用いて、調べ学習やフィールドワークでの写真・動画による記録を行ったり、電子黒板を用いた活動の振り返りを通して全体での共有化を図ったりした。
・具 体 的 例 示…インタビュー項目は、教員が作成した必須項目を基本に、生徒が考えを広げられるようにした。

7．実践を振り返って（成果と課題）

　本単元は、スモールステップで、体験を通した学びを取り入れるために、教科横断的に構成した。導入とまとめの授業は道徳科とし、自己の考えの変容を捉えられるようにした。国語科では発達課題に即した指導を行うことができ、それを踏まえて社会科での学びに繋げることができた。日常の慣れ親しんだ関係から一歩外に出た場所で、行動することで、気持ちを切り替えて相手に対して関われる生徒が複数見られ、礼儀の学びが道徳的態度として活かされる場面となった。インタビューを通して、仕事に対する熱意や大切にしていることを聞き、自らもその思いに共感し、勤労についての肯定的なイメージをもてたと感想で述べた生徒もいた。

　課題としては、慣れ親しんだ人間関係においても、礼儀は大事であることにも気付き、日常の生活の中でも場面に応じた適切な言動が取れるよう、指導をしていくことが挙げられる。また、勤労について理解した内容を日常の生活の中で実感できるよう、学級や学校、地域に貢献する場面を捉えて継続した指導を行っていく必要がある。

事例6　教育相談活動　　　　　　　　　大学相談室

どんな気持ち？

水内 豊和（富山大学）

主として扱う内容項目／関連する内容項目

　本指導では、主として小学校学習指導要領におけるB[主として人との関わりに関すること]の[**相互理解、寛容**]（自分の考えや意見を相手に伝えるとともに、相手のことを理解し、自分と異なる意見も大切にすること。）を取り扱うこととした。

1．題材について

　本題材の前に、「ドンマイ！ドンマイ！」の指導を行った。これは小学校学習指導要領におけるB[主として人との関わりに関すること]の[相互理解、寛容]に関わる教材である。サッカーの試合中、味方のゴールキーパーのミスで失点をする。最初は許せない主人公のぼくだが、仲よしの友達からゴールキーパーはわざと失点したわけではないこと、今まで一生懸命練習してきたということを聞き、謝り、みんなで「ドンマイ！」と声を掛け合う。勝つことはできなかったがよい試合だったと思うことができたという内容となっている。この指導の中で、指導者が全文を一度読み、場面絵を提示し、「失点をしたときに主人公の「僕」が怒っているのはなぜか」という問いを投げかけたところ、「自分がシュートしたかったから」「（イラストの）顔が怒っているから」という発言がみられた。このことから、児童の実態として指導者が一度読んだだけでは内容を理解することが難しいため、場面絵を見たままに答えているということが感じられた。また「ドンマイ」という言葉に対しては、「うれしい言葉」「がんばれという気持ち」などプラスのイメージをもった様子であったが、その後の指導においてペアで玉入れゲームを行ったところ、味方のミスに対して怒る様子が見られた。これらのことから、児童の発達段階として、他者感情の理解ができる段階に到達しているのかどうかを知るために、心の理論課題を行ったところ、4人中3人は心の理論の第一次誤信念課題であるサリーアン課題が不通過であった。この結果を踏まえ、児童が興味・関心をもち理解しやすいもの、また自分以外の気持ちを考える経験をしてほしいと思い、カナヘビの気持ちを考え、他児と共有するという本題材を取り上げた。本題材を通して、カナヘビの気持ちを想像し、伝え、それぞれの想像した気持ちを共有することによって、同じことを経験しても考えたことは一人一人違うということを感じてほしいと考えた。

2．対象とする児童の実態

　T大学教育相談室のSST指導グループに来所する知的障害特別支援学級に在籍する小学校3年生4名で行った。その中から対象児としてA児、B児を取り上げる。

A児：知的障害特別支援学級在籍。学習への意欲が低下しており、自分にとって難しいと感じると拒否反応を示す。他者に対して、自分の思いを攻撃的に伝えるためトラブルになることが多い。生き物に興味があり、家庭で生き物の動画を見たり、捕まえた昆虫等を飼育しており、生き物に対する知識は豊富である。心の理論課題は不通過。

B児：知的障害特別支援学級在籍。状況を理解し物事を推論すること、自分の考えを適切な言葉で表すことに困難さがみられる。学習への意欲はあるが、文章を読んで登場人物の心情を理解することが難しい。心の理論課題は不通過。

3．ねらい／目標

○カナヘビの視点に立って気持ちを想像し、理由とともに言葉で表現することができる。
○他児の考えを共有し、一人ひとり違う考えがあるということを感じる。

4．指導計画

時期	時間数	学習活動	指導内容
	1h	・飼育ケースの中に入っているカナヘビ（指導者が捕まえてきたもの）を見て、カナヘビが思っていることと、その理由を考えワークシートに記入する。 ・気持ちを表すシール（うれしい・かなしい）を選んで貼る。 ・自分の考えを発表する。	・カナヘビが思っていることと、その理由を考えることにより、自分の考えや意見をもてるようにする。 ・自分の考えや意見を相手に伝えることができるようにする。
(本時)	1h	・前時の発表をふりかえる。 ・カナヘビがうれしい気持ちになるためにはどうしたらよいか考える。 ・カナヘビに手紙を書く	・ビジュアルプログラミングツールViscuitによって視覚的に提示された内容を見て、異なる意見があると感じることができるようにする。 ・自分と異なる意見も大切にできるようにする。

5．授業の展開

学習活動	指導内容	指導上の留意点
○前時の振り返りをする。	○カナヘビの気持ちをViscuitを使い視覚的に提示する。 ○それぞれの考えの違いについて聞く。 ○同じものを見ても、それぞれの考え方は違うということを伝える。	○児童のワークシートの内容を、指導者が予めViscuitを使ってプログラミングし視覚的に提示する。 ○自分とは違う考え方があっても否定をしないということを約束する。

○カナヘビがうれしい気持ちになるためにはどうしたらよいか話し合う。	○カナヘビになったつもりで、考える。理由も合わせて。 ○そのために自分ができることは?	
○カナヘビに手紙を書く	○カナヘビをもとの場所に返すことを伝え、手紙を書く。	

6. 指導の工夫

（1）興味・関心のある教材の選定

　児童が興味をもち、楽しんで学習に取り組むことができ、自分以外の気持ちを考えることができるものとしてカナヘビを扱った。

（2）自分の考えや意見をまとめるワークシートの活用

　ワークシートを使用することにより、児童が吹き出しにカナヘビの思っていることを書き、さらに気持ちのシールを貼ることで「気持ち」というものを意識し、自分の考えや意見を整理しやすいようにした（図1・2）。

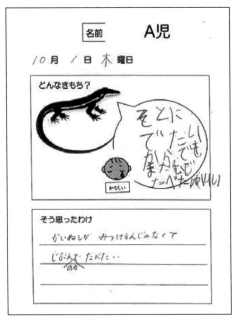
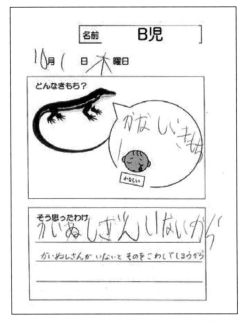

図1　A児の想像するカナヘビの気持ち　　図2　B児の想像するカナヘビの気持ち

（3）考えの違いを意識するための気持ちの可視化

　Viscuit を活用し、前時の発表を受けた子供たちそれぞれの考えを可視化してまとめて提示した。それぞれの考えの違いを見て、意識することにより、自分とは異なる意見もあるということに気付くこと、そして自分とは異なる意見も大切にできることを目指した（図3・4）。

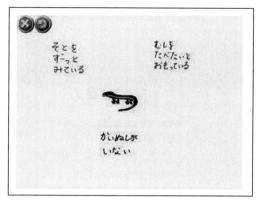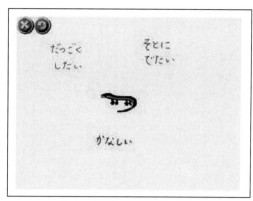

図3・4　Viscuit による児童たちの考えの可視化

7. 実践を振り返って（成果と課題）

　A児については、興味・関心のある生き物を取り上げたことで、ワークシートを自ら進んで記入するなど意欲的に取り組む姿が見られた。カナヘビにプレゼントをしたいと言って、家からドングリを持ってくるなど、対象の喜ぶ姿を想像して自分から何かをする姿が見られた。カナヘビがうれしい気持ちになるためにはどうしたらよいかという話し合いでは、「カナヘビは、みんな（参加児童）が楽しいと思っているけど、外に出たいと思います。餌を食べたいからです」と答えた。

　B児については、ワークシートに「かいぬしさんがいないからかなしい」と書いた。カナヘビを提示した際には「指導者が飼っているカナヘビ」「指導者が捕まえてきた」ということは口頭で伝えたが、B児は「指導者＝飼い主」とは考えなかったのか、またはその情報を忘れ目の前にあるものだけを見て考えた結果なのか、B児の場面や状況の理解の難しさを感じた。これに対しては、事前に与えるカナヘビに関する情報を整理し、視覚的にもっと強調して提示しておくべきであったと感じた。別れの手紙を書いた際には、「またね」の一言であったが、折り紙で得意な魚を作った。

　Viscuit を使った提示については、大型液晶画面に映したことで見るべき枠がはっきりし、児童が集中して見ることができたように感じた。また、今回は指導者が提示するための手段としてViscuit を使った。これは、今回の指導の中で、気持ちを可視化するうえで適しており、プログラミングのしやすさという利点があると感じられたからである。

　今後、子供たちが自分でプログラミングをして発表をするなどの活動を取り入れてみたい。なお、心の理論課題を通過した参加児童からは「みんな考えることが違うって分かった」という発言もみられ、一部の児童にとっては学習目標を到達することができた。

第3部

資 料 編

特別支援学校小学部・中学部学習指導要領より（一部抜粋）

（平成 29 年 4 月告示）

小学部・中学部学習指導要領　本文	ポイント（編者による）
第1章　総則（抜粋） **第2節　小学部及び中学部における教育の基本と教育課程の役割** （2）　道徳教育や体験活動，多様な表現や鑑賞の活動等を通して，豊かな心や創造性の涵養を目指した教育の充実に努めること。 　　学校における道徳教育は，<u>特別の教科である道徳（以下「道徳科」という。）を要として学校の教育活動全体を通じて行うもの</u>であり，道徳科はもとより，各教科，外国語活動，総合的な学習の時間，特別活動及び自立活動のそれぞれの特質に応じて，児童又は生徒の発達の段階を考慮して，適切な指導を行うこと。 　　道徳教育は，教育基本法及び学校教育法に定められた教育の根本精神に基づき，<u>小学部においては，自己の生き方を考え，中学部においては，人間としての生き方を考え，主体的な判断の下に行動し，自立した人間として他者と共によりよく生きるための基盤となる道徳性を養うこと</u>を目標とすること。 　　道徳教育を進めるに当たっては，<u>人間尊重の精神と生命に対する畏敬の念</u>を家庭，学校，その他社会における具体的な生活の中に生かし，豊かな心をもち，伝統と文化を尊重し，それらを育んできた我が国と郷土を愛し，個性豊かな文化の創造を図るとともに，<u>平和で民主的な国家及び社会の形成者</u>として，公共の精神を尊び，社会及び国家の発展に努め，他国を尊重し，国際社会の平和と発展や環境の保全に貢献し<u>未来を拓く主体性のある日本人</u>の育成に資することとなるよう特に留意すること。	⇒道徳教育の展開と道徳科 ⇒小学部・中学部における道徳教育の目標 ⇒道徳教育推進上の留意事項
第3節　教育課程の編成 **3　教育課程の編成における共通事項** （1）内容の取扱い コ　道徳科を要として学校の教育活動全体を通じて行う道徳教育の内容は，小学部においては第3章特別の教科道徳において準ずるものとしている<u>小学校学習指導要領第3章特別の教科道徳の第2に示す内容</u>，中学部においては第3章特別の教科　道徳において準ずるものとしている<u>中学校学習指導要領第3章特別の教科道徳の第2に示す内容</u>とし，その実施に当たっては，第7節に示す道徳教育に関する配慮事項を踏まえるものとする。	⇒道徳教育の内容は、小学校及び中学校学習指導要領に示す内容に準ずる
第7節　道徳教育に関する配慮事項 　道徳教育を進めるに当たっては，道徳教育の特質を踏まえ，前項までに示す事項に加え，次の事項に配慮するものとする。 　1　各学校においては，<u>第2節の2の（2）に示す道徳教育の目標</u>を踏まえ，<u>道徳教育の全体計画を作成し，校長の方針の下に，道徳教育の推進を主に担当する教師（以</u>	⇒校長の方針の明確化 ⇒道徳教育推進教師を中心とした全

下「道徳教育推進教師」という。）を中心に，全教師が協力して道徳教育を展開することを中心に，全教師が協力して道徳教育を展開すること。なお，道徳教育の全体計画の作成に当たっては，児童又は生徒や学校，地域の実態を考慮して，学校の道徳教育の重点目標を設定するとともに，道徳科の指導方針，第3章特別の教科道徳に示す内容との関連を踏まえた各教科，外国語活動，総合的な学習の時間，特別活動及び自立活動における指導の内容及び時期並びに家庭や地域社会との連携の方法を示すこと。

教師による協力体制
⇒道徳教育の全体計画の作成

2　小学部においては，児童の障害の状態や特性及び心身の発達の段階等を踏まえ，指導内容の重点化を図ること。その際，各学年を通じて，自立心や自律性，生命を尊重する心や他者を思いやる心を育てることに留意すること。また，各学年段階においては，次の事項に留意すること。

⇒指導内容の重点化
⇒共通の重点

(1)　第1学年及び第2学年においては，挨拶などの基本的な生活習慣を身に付けること，善悪を判断し，してはならないことをしないこと，社会生活上のきまりを守ること。

⇒低学年の留意事項

(2)　第3学年及び第4学年においては，善悪を判断し，正しいと判断したことを行うこと，身近な人々と協力し助け合うこと，集団や社会のきまりを守ること。

⇒中学年の留意事項

(3)　第5学年及び第6学年においては，相手の考え方や立場を理解して支え合うこと，法やきまりの意義を理解して進んで守ること，集団生活の充実に努めること，伝統と文化を尊重し，それらを育んできた我が国と郷土を愛するとともに，他国を尊重すること。

⇒高学年の留意事項

3　小学部においては，学校や学級内の人間関係や環境を整えるとともに，集団宿泊活動やボランティア活動，自然体験活動，地域の行事への参加などの豊かな体験を充実すること。また，道徳教育の指導内容が，児童の日常生活に生かされるようにすること。その際，いじめの防止や安全の確保等にも資することとなるよう留意すること。

⇒教師と児童、児童相互の人間関係
　及び環境の整備
⇒豊かな体験の充実
⇒道徳教育と日常生活の関連

4　中学部においては，生徒の障害の状態や特性及び心身の発達の段階等を踏まえ，指導内容の重点化を図ること。その際，小学部における道徳教育の指導内容を更に発展させ，自立心や自律性を高め，規律ある生活をすること，生命を尊重する心や自らの弱さを克服して気高く生きようとする心を育てること，法やきまりの意義に関する理解を深めること，自らの将来の生き方を考え主体的に社会の形成に参画する意欲と態度を養うこと，伝統と文化を尊重し，それらを育んできた我が国と郷土を愛するとともに，他国を尊重すること，国際社会に生きる日本人としての自覚を身に付けることに留意すること。

⇒指導内容の重点化
⇒小学部との関連
⇒共通の重点

5　中学部においては，学校や学級内の人間関係や環境を整えるとともに，職場体験活動やボランティア活動，自然体験活動，地域の行事への参加などの豊かな体験を充実すること。また，道徳教育の指導内容が，生徒の日常生活に生かされるようにすること。その際，いじめの防止や安全の確保等にも資することとなるよう留意すること。

⇒教師と児童、児童相互の人間関係
　及び環境の整備
⇒豊かな体験の充実
⇒道徳教育と日常生活の関連

6　学校の道徳教育の全体計画や道徳教育に関する諸活動などの情報を積極的に公表したり，道徳教育の充実のために家庭や地域の人々の積極的な参加や協力を得たりするなど，家庭や地域社会との共通理解を深め，相互の連携を図ること。

⇒積極的な情報公開

⇒家庭や地域との連携

第2章　各教科（抜粋）

第1節　小学部

第2款　知的障害者である児童に対する教育を行う特別支援学校

第2　　指導計画の作成と各教科全体にわたる内容の取扱い

　　4　第1章総則の第2節の2の(2)に示す道徳教育の目標に基づき，道徳科などとの関連を考慮しながら，第3章特別の教科道徳に示す内容について，各教科の特質に応じて適切な指導をするものとする。

⇒各教科の特性に応じた指導

第2節　中学部

第2款　知的障害者である児童に対する教育を行う特別支援学校

第2　　指導計画の作成と各教科全体にわたる内容の取扱い

　　指導計画の作成と各教科全体にわたる内容の取扱いについては，第2章第1節第2款第2において特に示している事項に準ずるものとする。

⇒小学部に準ずる

第3章　特別の教科　道徳

　小学部又は中学部の道徳科の目標，内容及び指導計画の作成と内容の取扱いについては，それぞれ小学校学習指導要領第3章又は中学校学習指導要領第3章に示すものに準ずるほか，次に示すところによるものとする。

⇒特別支援学校独自の項目

　　1　児童又は生徒の障害による学習上又は生活上の困難を改善・克服して，強く生きようとする意欲を高め，明るい生活態度を養うとともに，健全な人生観の育成を図る必要があること。

⇒明るい生活態度と健全な人生観の育成

　　2　各教科，外国語活動，総合的な学習の時間，特別活動及び自立活動との関連を密にしながら，経験の拡充を図り，豊かな道徳的心情を育て，広い視野に立って道徳的判断や行動ができるように指導する必要があること。

⇒経験の拡充

　　3　知的障害者である児童又は生徒に対する教育を行う特別支援学校において，内容の指導に当たっては，個々の児童又は生徒の知的障害の状態，生活年齢，学習状況及び経験等に応じて，適切に指導の重点を定め，指導内容を具体化し，体験的な活動を取り入れるなどの工夫を行うこと。

⇒知的障害特別支援学校

⇒実態に応じた指導の重点の明確化
⇒具体的な活動
⇒実際的な体験

特別支援学校高等部学習指導要領より（一部抜粋）

（平成31年2月告示）

高等部学習指導要領　本文	ポイント（編者による）

第1章　総則（抜粋）

第2節　教育課程の編成

第1款　高等部における教育の基本と教育課程の役割

（2）道徳教育や体験活動，多様な表現や鑑賞の活動等を通して，豊かな心や創造性の涵養を目指した教育の充実に努めること。

　学校における道徳教育は，人間としての在り方生き方に関する教育を学校の教育活動全体を通じて行うことによりその充実を図るものとし，視覚障害者，聴覚障害者，肢体不自由者又は病弱者である生徒に対する教育を行う特別支援学校においては，各教科に属する科目（以下「各教科・科目」という。），総合的な探究の時間，特別活動及び自立活動（以下「各教科・科目等」という。）において，また，知的障害者である生徒に対する教育を行う特別支援学校においては，第3章に掲げる特別の教科である道徳（以下「道徳科」という。）を要として，各教科，総合的な探究の時間，特別活動及び自立活動において，それぞれの特質に応じて，適切な指導を行うこと。

⇒道徳教育の展開

⇒視覚、聴覚、肢体不自由、病弱特別支援学校においては、道徳科が教育課程に位置付けられていない

⇒知的障害特別支援学校においては、道徳科が教育課程に位置付けられている

　道徳教育は，教育基本法及び学校教育法に定められた教育の根本精神に基づき，生徒が自己探求と自己実現に努め国家・社会の一員としての自覚に基づき行為しうる発達の段階にあることを考慮し，人間としての在り方生き方を考え，主体的な判断の下に行動し，自立した人間として他者と共によりよく生きるための基盤となる道徳性を養うことを目標とすること。

⇒高等部における道徳教育の目標

　道徳教育を進めるに当たっては，人間尊重の精神と生命に対する畏敬の念を家庭，学校，その他社会における具体的な生活の中に生かし，豊かな心をもち，伝統と文化を尊重し，それらを育んできた我が国と郷土を愛し，個性豊かな文化の創造を図るとともに，平和で民主的な国家及び社会の形成者として，公共の精神を尊び，社会及び国家の発展に努め，他国を尊重し，国際社会の平和と発展や環境の保全に貢献し未来を拓く主体性のある日本人の育成に資することとなるよう特に留意すること。

⇒道徳教育推進上の留意事項

第2款　教育課程の編成

（4）各教科・科目等又は各教科等の内容等の取扱い

　カ　知的障害者である生徒に対する教育を行う特別支援学校において，道徳科の指導に当たっては，第3章に示す道徳科の目標及び内容に示す事項を基に，生徒の知的障害の状態や経験等に応じて，具体的に指導内容を設定するものとする。

⇒高等部3年間を見越した具体的な指導内容の設定

第7款　道徳教育に関する配慮事項

　道徳教育を進めるに当たっては，道徳教育の特質を踏まえ，第1節及び第1款から第6款までに示す事項に加え，次の事項に配慮するものとする。

　1　各学校においては，第1款の2の(2)に示す道徳教育の目標を踏まえ，道徳教育

⇒校長の方針の明確化

153

の全体計画を作成し，校長の方針の下に，道徳教育の推進を主に担当する教師（「道徳教育推進教師」という。）を中心に，全教師が協力して道徳教育を展開すること。

なお，道徳教育の全体計画の作成に当たっては，生徒や学校，地域の実態に応じ，指導の方針や重点を明らかにして，各教科・科目等との関係を明らかにすること。

⇒道徳教育の全体計画の作成

その際，視覚障害者，聴覚障害者，肢体不自由者又は病弱者である生徒に対する教育を行う特別支援学校においては，第2章第1節第1款において準ずるものとしている高等学校学習指導要領第2章第3節の公民科の「公共」及び「倫理」並びに第5章の特別活動が，人間としての在り方生き方に関する中核的な指導の場面であることに配慮すること。

⇒視覚、聴覚、肢体不自由、病弱特別支援学校においては、公民科の「公共」及び「倫理」並びに特別活動が中核的な指導の場面

また，知的障害者である生徒に対する教育を行う特別支援学校においては，学校の道徳教育の重点目標を設定するとともに，道徳科の指導方針，第3章特別の教科　道徳（知的障害者である生徒に対する教育を行う特別支援学校）に示す内容との関連を踏まえた各教科，総合的な探究の時間，特別活動及び自立活動における指導の内容及び時期並びに家庭や地域社会との連携の方法を示すこと。

⇒知的障害者特別支援学校においては道徳教育の要として道徳科が位置付けられている

2　道徳教育を進めるに当たっては，中学部又は中学校までの特別の教科である道徳の学習等を通じて深めた，主として自分自身，人との関わり，集団や社会との関わり，生命や自然，崇高なものとの関わりに関する道徳的諸価値についての理解を基にしながら，様々な体験や思索の機会等を通して，人間としての在り方生き方についての考えを深めるよう留意すること。また，自立心や自律性を高め，規律ある生活をすること，生命を尊重する心を育てること，社会連帯の自覚を高め，主体的に社会の形成に参画する意欲と態度を養うこと，義務を果たし責任を重んじる態度及び人権を尊重し差別のないよりよい社会を実現しようとする態度を養うこと，伝統と文化を尊重し，それらを育んできた我が国と郷土を愛するとともに，他国を尊重すること，国際社会に生きる日本人としての自覚を身に付けることに関する指導が適切に行われるよう配慮すること。

⇒中学部又は中学校における学習をさらに深める視点

⇒共通の重点

3　学校やホームルーム内の人間関係や環境を整えるとともに，就業体験活動やボランティア活動，自然体験活動，地域の行事への参加などの豊かな体験を充実すること。また，道徳教育の指導が，生徒の日常生活に生かされるようにすること。その際，いじめの防止や安全の確保等にも資することとなるように留意すること。

⇒教師と生徒、生徒相互の人間関係及び環境の整備
⇒豊かな体験の充実
⇒道徳教育と日常生活の関連

4　学校の道徳教育の全体計画や道徳教育に関する諸活動などの情報を積極的に公表したり，道徳教育の充実のために家庭や地域の人々の積極的な参加や協力を得たりするなど，家庭や地域社会との共通理解を深め，相互の連携を図ること。

⇒積極的な情報公開
⇒家庭や地域との連携

第3章　特別の教科　道徳
（知的障害者である生徒に対する教育を行う特別支援学校）

第1款　目標及び内容

道徳科の目標及び内容については，小学部及び中学部における目標及び内容を基盤とし，さらに，青年期の特性を考慮して，健全な社会生活を営む上に必要な道徳性を一層高めることに努めるものとする。

⇒生活年齢や青年期の心理的発達の状態などの考慮
⇒小学部や中学部における指導との一貫性

第２款　指導計画の作成と内容の取扱い

　　1　指導計画の作成に当たっては，生徒や学校，地域の実態を十分考慮し，中学部　　⇒中学部との連携
　　　における道徳科との関連を図り，計画的に指導がなされるよう工夫するものとする。

　　2　各教科，総合的な探究の時間，特別活動及び自立活動との関連を密にしながら，
　　　経験の拡充を図り，豊かな道徳的心情を育て，将来の生活を見据え，広い視野に立っ　　⇒経験の拡充
　　　て道徳的判断や行動ができるように指導するものとする。

　　3　内容の指導に当たっては，個々の生徒の知的障害の状態，生活年齢，学習状況　　⇒実態に応じた指導の重点の明確化
　　　及び経験等に応じて，適切に指導の重点を定め，指導内容を具体化し，体験的な　　⇒具体的な活動
　　　活動を取り入れるなどの工夫を行うものとする。　　⇒実際的な体験

特別支援学校学習指導要領解説・各教科等編（小学部・中学部）より（一部抜粋）

(平成30年3月)

小学部・中学部学習指導要領解説　本文	ポイント（編者による）
第3章　特別の教科　道徳 　小学部又は中学部の道徳科の目標，内容及び指導計画の作成と内容の取扱いについては，それぞれ小学校学習指導要領第3章又は中学校学習指導要領第3章に示すものに準ずるほか，次に示すところによるものとする。 1　児童又は生徒の障害による学習上又は生活上の困難を改善・克服して，強く生きようとする意欲を高め，明るい生活態度を養うとともに，健全な人生観の育成を図る必要があること。 2　各教科，外国語活動，総合的な学習の時間，特別活動及び自立活動との関連を密にしながら，経験の拡充を図り，豊かな道徳的心情を育て，広い視野に立って道徳的判断や行動ができるように指導する必要があること。 3　知的障害者である児童又は生徒に対する教育を行う特別支援学校において，内容の指導に当たっては，個々の児童又は生徒の知的障害の状態，生活年齢，学習状況及び経験等に応じて，適切に指導の重点を定め，指導内容を具体化し，体験的な活動を取り入れるなどの工夫を行うこと。	
道徳の目標，内容及び指導計画の作成と内容の取扱いについては，各特別支援 学校を通じて，<u>小学校又は中学校に準ずること</u>としている。ここでいう「準ずる」とは，原則として同一ということを意味している。しかしながら，指導計画の作 成と内容の取扱いについては，小学校又は中学校の学習指導要領に準ずるのみならず，次のような特別支援学校独自の項目が三つ示されており，これらの事項に十分配慮する必要がある。	⇒小中学校に「準ずる」
第一は，障害による学習上又は生活上の<u>困難を改善・克服</u>して，<u>強く生きようとする意欲</u>を高めることにより，<u>明るい生活態度</u>を養うとともに，<u>健全な人生観</u>の育成を図ることの必要性である。健全な人生観の育成とは，道徳教育の目標である道徳性の育成を指すものといえよう。特別支援学校に在籍する児童生徒の中には，障害があるということで，自己の生き方について悩んだり，ときには自信を失ったりして，何ごとに対しても消極的な態度になりがちな者も見られる。こうしたことから，特別の教科道徳 (以下，「道徳科」という。) を含め，学校の教育活動全体を通じ，日常の様々な機会を通して，児童生徒が自己の障害についての認識を深め，自ら進んで学習上又は生活上の困難を改善・克服して，強く生きようとする意欲を高めるよう留意して指導する必要がある。このことにより，明るい生活態度や健全な人生観が育成され，人間としての生き方についての自覚が深まるのである。	⇒困難を改善・克服 ⇒強く生きようとする意欲 ⇒明るい生活態度 ⇒健全な人生観
なお，障害による学習上又は生活上の困難を改善・克服する意欲の向上は，<u>自立活動の内容にも示されている</u>が，このことは，明るい生活態度を養うとともに，健全な人生観を育成する上で，道徳の指導においても十分留意する必要がある。	⇒自立活動との関連

　第二は，経験の拡充を図ることによって，豊かな道徳的心情を育て，広い視野に立って道徳性が養われるように指導することの必要性である。特別支援学校に在籍する児童生徒については，個々の障害の状態により，結果として様々な経験の不足が課題となることがあることから，道徳科における指導においても，各教科，外国語活動，総合的な学習の時間，特別活動及び自立活動の指導との関連を密にしながら，経験の拡充を図ることについて，特に留意する必要がある。

　第三は，知的障害者である児童生徒に対する教育を行う特別支援学校における配慮事項である。知的障害者である児童生徒に対する教育を行う特別支援学校小学部及び中学部においては，道徳科の内容を指導する場合においても，他の各教科等の内容の指導と同様に，個々の児童生徒の知的障害の状態，生活年齢，学習状況や経験等を考慮することが重要であることから，今回新設されたものである。このことについては，視覚障害者，聴覚障害者，肢体不自由者又は病弱者である児童生徒に対する教育を行う特別支援学校において，知的障害を併せ有する児童生徒に対して指導を行う場合も，同様に配慮することが大切である。

　道徳科の内容の指導においても，児童生徒一人一人の知的障害の状態，生活年齢，学習状況や経験等に応じた指導の重点を明確にし，具体的なねらいや指導内容を設定することが重要である。その際，児童生徒の学習上の特性から，児童生徒の理解に基づく，生活に結び付いた内容を具体的な活動を通して指導することが効果的であることから，実際的な体験を重視することが必要である。

⇒経験の拡充
⇒豊かな道徳的心情
⇒広い視野で道徳性が養われる

⇒知的障害に関しての特記事項

⇒知的障害の状態や経験等の考慮

⇒指導の重点の明確化

⇒具体的な活動
⇒実際的な体験

資料3　道徳の内容の基本的性格と内容項目の指導の要点について

1．内容の基本的性格

　小学校・中学校学習指導要領の「第3章　特別の教科　道徳」の「第2　内容」においては、「学校の教育活動全体を通じて行う道徳教育の要である道徳科においては、以下に示す項目について扱う。」として、内容項目が示されている。道徳科の内容項目は、小学校においては「第1学年及び第2学年」が19項目、「第3学年及び第4学年」が20項目、「第5学年及び第6学年」が22項目、中学校では22項目にまとめられている。これらの内容項目は、児童や生徒が「人間として他者とよりよく生きていく上で学ぶことが必要と考えられる道徳的価値を含む内容」が表現され、児童生徒自らが「道徳性を養うための手掛かりとなるもの」である。

　内容項目は、A〜Dの四つの視点に分けて示されている。「A　主として自分自身に関すること」は、自己の在り方を自分自身との関わりで捉え、望ましい自己の形成を図ることに関するものである。「B　主として人との関わりに関すること」は、自己を人との関わりにおいて捉え、望ましい人間関係の構築を図ることに関するものである。「C　主として集団や社会との関わりに関すること」は、自己を様々な社会集団や郷土、国家、国際社会との関わりにおいて捉え、国際社会と向き合うことが求められている我が国に生きる日本人としての自覚に立ち、平和で民主的な国家及び社会の形成者として必要な道徳性を養うことに関するものである。「D　主として生命や自然、崇高なものとの関わりに関すること」は、自己を生命や支援、美しいもの、気高いもの、崇高なものとの関わりにおいて捉え、人間としての自覚を深めることに関するものである。

　これらの四つの視点は、相互に深い関連があり、このような関連を考慮しながら、四つの視点に含まれるすべての内容項目について適切に指導する必要がある。また、内容項目は、関連的、発展的に捉え、年間指導計画の作成や指導に際して重点的な扱いを工夫することで、その効果を高めることができるとされる。ここでいう「関連的」とは内容項目の横のつながり、「発展的」とは縦のつながりと考えると分かりやすい。日常生活場面において道徳的行為がなされる場合、1つの内容項目のみが単独で作用するということはほとんどなく、ある内容項目を中心として、幾つかの内容項目が相互に関連し合っていることが多いのである。例えば、「友情、信頼」を築くには他者に対する「親切、思いやり」が必要であるし、それらの前提として「生命の尊さ」に対する思いが重要となってくる。このように、内容項目は視点を超えて関連することもある。一方、小学校段階の「個性の伸長」をみてみると、「第1学年及び第2学年」は「自分の特徴に気付くこと。」、「第3学年及び第4学年」は「自分の特徴に気付き、長所を伸ばすこと。」、「第5学年及び第6学年」は「自分の特徴を知って、短所を改め長所を伸ばすこと。」となっており、児童の発達の段階に応じて、自分の特徴というものに対する認識の広がりが想定されている。このように、内容項目を捉える際には、横と縦のつながりを意識することが重要であり、実際の授業づくりにおいては主として扱う内容項目のみならず、関連する内容項目を一覧表において2次元的に捉えることで、より厚みのある指導が可能となる。

２．内容項目の指導の要点

　小学校・中学校学習指導要領解説特別の教科道徳編には、各内容項目の概要と、各学年段階の特徴および指導の要点が記載されている。ここでは、「Ａ　主として自分自身に関すること」のうち「善悪の判断、自律、自由と責任」と「自主、自律、自由と責任」を例に挙げ、学年段階別の指導の要点について表１にまとめた。実際の指導の際には、各内容項目への深い理解は不可欠であるため、ぜひ小学校・中学校学習指導要領解説特別の教科道徳編を参考にされたい。

表１　解説書が示す「善悪の判断、自律、自由と責任」（小）、「自主、自律、自由と責任」（中）の指導の要点

第1学年及び第2学年	【内容項目の説明】 よいことと悪いこととの区別をし、よいと思うことを進んで行うこと。
	【指導の要点】 ・積極的に行うべきよいことと、人間としてしてはならないことを正しく区別できる判断力を養う。 ・よいと思ったことができたときのすがすがしい気持ちを思い起こさせるなどして、小さなことでも遠慮しないで進んで行うことができる意欲と態度を育てる指導を充実する。 ・身近な事例を踏まえ、人としてしてはならないことをしないことについて、一貫した方針をもち、毅然とした態度で指導する。
第3学年及び第4学年	【内容項目の説明】 正しいと判断したことは、自信をもって行うこと。
	【指導の要点】 ・正しいことを行えないときの後ろめたさや、自ら信じることに従って正しいことを行ったときの充実した気持ちを考え、正しいと判断したことは自信をもって行い、正しくないと判断したことは行わないようにする態度を育てる。 ・正しくないと考えられることを人に勧めないことはもとより、人から勧められたときにきっぱりと断ったり、正しくないと考えられることをしている人を止めたりできるように指導する。
第5学年及び第6学年	【内容項目の説明】 自由を大切にし、自律的に判断し、責任のある行動をすること。
	【指導の要点】 ・自由と自分勝手との違いや、自由だからこそできることやそのよさを考えたりして、自由な考えや行動のもつ意味やその大切さを実感できるようにする。 ・自由に伴う自己責任の大きさについては、自分の意志で考え判断し行動しなければならない場面やその後の影響を考えることなどを通して、多面的・多角的に理解できるようにすることが重要であり、そのことが、自らの自律的で責任のある行動についてのよさの理解を一層深めることにつながる。
中学校	【内容項目の説明】 自律の精神を重んじ、自主的に考え、判断し、誠実に実行してその結果に責任をもつこと。
	【指導の要点】 ・中学校ではまず、自己の気高さに気付かせ、何が正しく、何が誤りであるかを自ら判断して望ましい行動をとれるようにする。 ・日常のどのような小さな行為においても、自ら考え、判断し、自分の自由な意志に基づいて決定し、それに対して責任をもたなければならないことを実感させる必要があり、そうした経験を通し、失敗も含めて自己の責任において結果を受け止めることができるようになる。 ・悪を悪としてはっきり捉え、それを毅然として退け善を行おうとする良心の大切さに気付くようにする。 ・良心に基づくよい行為とは、自分にとっても他者にとってもよい行為であり、この意味で、善悪判断の基準となる多面的なものの見方や考え方を身に付けることの重要性に気付き、自分の行為の動機の純粋さにとどまらず、その行為が及ぼす結果についても深く考えられるようにする。 ・自由を放縦と誤解してはならず、自らを律し、自分や社会に対して常に誠実でなければならないことを自覚し、人間としての誇りをもった、責任ある行動がとれるように指導する。

（整理：齋藤による）

資料4　「道徳の内容項目」の学年・学校段階の一覧表

小学校	第1・2学年 (19項目)	第3・4学年 (20項目)
A　主として自分自身に関すること		
善悪の判断、自律、自由と責任 正直、誠実 節度、節制 個性の伸長 希望と勇気、努力と強い意志 真理の探究	(1) よいことと悪いこととの区別をし、よいと思うことを進んで行うこと。 (2) うそをついたりごまかしをしたりしないで、素直に伸び伸びと生活すること。 (3) 健康や安全に気を付け、物や金銭を大切にし、身の回りを整え、わがままをしないで、規則正しい生活をすること。 (4) 自分の特徴に気付くこと。 (5) 自分のやるべき勉強や仕事をしっかりと行うこと。	(1) 正しいと判断したことは、自信をもって行うこと。 (2) 過ちは素直に改め、正直に明るい心で生活すること。 (3) 自分でできることは自分でやり、安全に気を付け、よく考えて行動し、節度のある生活をすること。 (4) 自分の特徴に気付き、長所を伸ばすこと。 (5) 自分でやろうと決めた目標に向かって、強い意志をもち、粘り強くやり抜くこと。
B　主として人との関わりに関すること		
親切、思いやり 感謝 礼儀 友情、信頼 相互理解、寛容	(6) 身近にいる人に温かい心で接し、親切にすること。 (7) 家族など日頃世話になっている人々に感謝すること。 (8) 気持ちのよい挨拶、言葉遣い、動作などに心掛けて、明るく接すること。 (9) 友達と仲よくし、助け合うこと。	(6) 相手のことを思いやり、進んで親切にすること。 (7) 家族など生活を支えてくれている人々や現在の生活を築いてくれた高齢者に、尊敬と感謝の気持ちをもって接すること。 (8) 礼儀の大切さを知り、誰に対しても真心をもって接す明るく接すること。 (9) 友達と互いに理解し、信頼し、助け合うこと。 (10) 自分の考えや意見を相手に伝えるとともに、相手のことを理解し、自分と異なる意見も大切にすること。
C　主として集団や社会との関わりに関すること		
規則の尊重 公正、公平、社会正義 勤労、公共の精神 家族愛、家庭生活の充実、 よりよい学校生活、集団生活の充実 伝統と文化の尊重、国や郷土を愛する態度 国際理解、国際親善	(10) 約束やきまりを守り、みんなが使う物を大切にすること。 (11) 自分の好き嫌いにとらわれないで接すること。 (12) 働くことのよさを知り、みんなのために働くこと。 (13) 父母、祖父母を敬愛し、進んで家の手伝いなどをして、家族の役に立つこと。 (14) 先生を敬愛し、学校の人々に親しんで、学級や学校の生活を楽しくすること。 (15) 我が国や郷土の文化と生活に親しみ、愛着をもつこと。 (16) 他国の人々や文化に親しむこと。	(11) 約束や社会のきまりの意義を理解し、それらを守ること。 (12) 誰に対しても分け隔てをせず、公正、公平な態度で接すること。 (13) 働くことの大切さを知り、進んでみんなのために働くこと。 (14) 父母、祖父母を敬愛し、家族みんなで協力し合って楽しい家庭をつくること。 (15) 先生や学校の人々を敬愛し、みんなで協力し合って楽しい学級や学校をつくること。 (16) 我が国や郷土の伝統と文化を大切にし、国や郷土を愛する心をもつこと。 (17) 他国の人々や文化に親しみ、関心をもつこと。
D　主として生命や自然、崇高なものとの関わりに関すること		
生命の尊さ 自然愛護 感動、畏敬の念 よりよく生きる喜び	(17) 生きることのすばらしさを知り、生命を大切にすること。 (18) 身近な自然に親しみ、動植物に優しい心で接すること。 (19) 美しいものに触れ、すがすがしい心をもつこと。	(18) 生命の尊さを知り、生命あるものを大切にすること。 (19) 自然のすばらしさや不思議さを感じ取り、自然や動植物を大切にすること。 (20) 美しいものや気高いものに感動する心をもつこと。

第5・6学年（22項目）	中学校	第1～3学年（22項目）
(1) 自由を大切にし、自律的に判断し、責任のある行動をすること。 (2) 誠実に、明るい心で生活すること。 (3) 安全に気を付けることや、生活習慣の大切さについて理解し、自分の生活を見直し、節度を守り節制に心掛けること。 (4) 自分の特徴を知って、短所を改め長所を伸ばすこと。 (5) より高い目標を立て、希望と勇気をもち、困難があってもくじけずに努力して物事をやり抜くこと。 (6) 真理を大切にし、物事を探究しようとする心をもつこと。	自主、自律、自由と責任 節度、節制 向上心、個性の伸長 希望と勇気、克己と強い意志 真理の探究、創造	(1) 自律の精神を重んじ、自主的に考え、判断し、誠実に実行してその結果に責任をもつこと。 (2) 望ましい生活習慣を身に付け、心身の健康の増進を図り、節度を守り節制に心掛け、安全で調和のある生活をすること。 (3) 自己を見つめ、自己の向上を図るとともに、個性を伸ばして充実した生き方を追求すること。 (4) より高い目標を設定し、その達成を目指し、希望と勇気をもち、困難や失敗を乗り越えて着実にやり遂げること。 (5) 真実を大切にし、真理を探究して新しいものを生み出そうと努めること。
(7) 誰に対しても思いやりの心をもち、相手の立場に立って親切にすること。 (8) 日々の生活が家族や過去からの多くの人々の支え合いや助け合いで成り立っていることに感謝し、それに応えること。 (9) 時と場をわきまえて、礼儀正しく真心をもって接すること。 (10) 友達と互いに信頼し、学び合って友情を深め、異性についても理解しながら、人間関係を築いていくこと。 (11) 自分の考えや意見を相手に伝えるとともに、謙虚な心をもち、広い心で自分と異なる意見や立場を尊重すること。	思いやり、感謝 礼儀 友情、信頼 相互理解、寛容	(6) 思いやりの心をもって人と接するとともに、家族などの支えや多くの人々の善意により日々の生活や現在の自分があることに感謝し、進んでそれに応え、人間愛の精神を深めること。 (7) 礼儀の意義を理解し、時と場に応じた適切な言動をとること。 (8) 友情の尊さを理解して心から信頼できる友達をもち、互いに励まし合い、高め合うとともに、異性についての理解を深め、悩みや葛藤も経験しながら人間関係を深めていくこと。 (9) 自分の考えや意見を相手に伝えるとともに、それぞれの個性や立場を尊重し、いろいろなものの見方や考え方があることを理解し、寛容の心をもって謙虚に他に学び、自らを高めていくこと。
(12) 法やきまりの意義を理解した上で進んでそれらを守り、自他の権利を大切にし、義務を果たすこと。 (13) 誰に対しても差別をすることや偏見をもつことなく、公正、公平な態度で接し、正義の実現に努めること。 (14) 父母、祖父母を敬愛し、家族の幸せを求めて、進んで役に立つことをすること。 (15) 父母、祖父母を敬愛し、家族の幸せを求めて、進んで役に立つことをすること。 (16) 先生や学校の人々を敬愛し、みんなで協力し合ってよりよい学級や学校をつくるとともに、様々な集団の中での自分の役割を自覚して集団生活の充実に努めること。 (17) 我が国や郷土の伝統と文化を大切にし、先人の努力を知り、国や郷土を愛する心をもつこと。 (18) 他国の人々や文化について理解し、日本人としての自覚をもって国際親善に努めること。	遵法精神、公徳心 公正、公平、社会正義 社会参画、公共の精神 勤労 家族愛、家庭生活の充実 よりよい学校生活、集団生活の充実 郷土の伝統と文化の尊重、郷土を愛する態度 我が国の伝統と文化の尊重、国を愛する態度 国際理解、国際貢献	(10) 法やきまりの意義を理解し、それらを進んで守るとともに、そのよりよい在り方について考え、自他の権利を大切にし、義務を果たして、規律ある安定した社会の実現に努めること。 (11) 正義と公正さを重んじ、誰に対しても公平に接し、差別や偏見のない社会の実現に努めること。 (12) 社会参画の意識と社会連帯の自覚を高め、公共の精神をもってよりよい社会の実現に努めること。 (13) 勤労の尊さや意義を理解し、将来の生き方について考えを深め、勤労を通じて社会に貢献すること。 (14) 父母、祖父母を敬愛し、家族の一員としての自覚をもって充実した家庭生活を築くこと。 (15) 教師や学校の人々を敬愛し、学級や学校の一員としての自覚をもち、協力し合ってよりよい校風をつくるとともに、様々な集団の意義や集団の中での自分の役割と責任を自覚して集団生活の充実に努めること。 (16) 郷土の伝統と文化を大切にし、社会に尽くした先人や高齢者に尊敬の念を深め、地域社会の一員としての自覚をもって郷土を愛し、進んで郷土の発展に努めること。 (17) 優れた伝統の継承と新しい文化の創造に貢献するとともに、日本人としての自覚をもって国を愛し、国家及び社会の形成者として、その発展に努めること。 (18) 世界の中の日本人としての自覚をもち、他国を尊重し、国際的視野に立って、世界の平和と人類の発展に寄与すること。
(19) 生命が多くの生命のつながりの中にあるかけがえのないものであることを理解し、生命を尊重すること。 (20) 自然の偉大さを知り、自然環境を大切にすること。 (21) 美しいものや気高いものに感動する心や人間の力を超えたものに対する畏敬の念をもつこと。 (22) よりよく生きようとする人間の強さや気高さを理解し、人間として生きる喜びを感じること。	生命の尊さ 自然愛護 感動、畏敬の念 よりよく生きる喜び	(19) 生命の尊さについて、その連続性や有限性なども含めて理解し、かけがえのない生命を尊重すること。 (20) 自然の崇高さを知り、自然環境を大切にすることの意義を理解し、進んで自然の愛護に努めること。 (21) 美しいものや気高いものに感動する心をもち、人間の力を超えたものに対する畏敬の念を深めること。 (22) 人間には自らの弱さや醜さを克服する強さや気高く生きようとする心があることを理解し、人間として生きることに喜びを見いだすこと。

（小学校・中学校学習指導要領（平成29年3月告示）による）

おわりに

　教育においては、様々な要因が複雑に絡み合うために、蒔いた種がいつどのような芽を出すのか予測ができないことがあります。そもそも複雑な存在である人が人を育てる以上、それは当然のことだと思います。我々はつい数値化され、外在化された評価に目を奪われがちになり、より効率的に数値の上昇を引き起こす方法論を求めがちですが、外からは見えにくい子供たちの内面的な資質にもしっかりと目を向けていきたいものです。特別支援教育においても、例えば"名前が書けるようになった""ボタンを外すことができるようになった"など知識やスキルの習得は当然大切なことではありますが、子供たちがよりよく生きるために我々ができることは、決してそれだけではないはずです。

　私自身の実践の話で恐縮ですが、最後に知的障害特別支援学校中学部における道徳教育に深く関連する実践についてご紹介します。「進路」の授業として中学3年生の秋に実施したものです。中3の秋といえば、同じ学校の高等部に進学するのか、地域の特別支援学校の普通科に進学するのか、職業科に進学するのか、はたまた就職するのかなど、自分自身の進路を決める大切な時期です。私の学級では、中3の春の段階から「進路」の授業を開始し、"進路とは自分の進む路を自分で決めること"をテーマに"自分で決めること"を重視してきました。

　Aくんは運動が得意な生徒でした。彼の知的発達水準は中度〜軽度で、できることも多かったのですが、引っ込み思案的な性格で人前に出ることを避けがちでした。中3になるとリーダーとしての自覚が芽生え、学部を代表して挨拶することなども増えたため徐々に自信を深めていきました。そんな彼が、自分自身の進路に非常に悩んでいたのです。私をはじめ中学部の先生たちは、自分自身の進路を前向きに考え、自分の人生を切り開いていこうという姿勢がみられたAくんに成長を感じ、微笑ましく思っていました。このような中で、道徳教育に深く関連した「進路」の授業を行いました。Aくんのグループは、資料として動画教材を用いました。使用した動画教材は、高校3年生が主人公で、小さい頃からの夢であったサッカー選手になるか、親が勧める介護の現場を目指すか、で葛藤するというストーリーでした。授業中にAくんは積極的に発言することはありませんでしたが、境遇が似ている主人公に感情移入しているようでした。

　その後、季節が進みAくんは両親と話し合った結果、最終的に職業科のある別の学校の高等部に進学することとなりました。学校においてもAくん自身に進路決定までの経緯や彼の本心を聞きましたが、担任の私としてはどれも納得がいくものでした。

　しかしながら、事件は卒業式の前日に起きます。登校時間になってもAくんが学校に来なかったのです。家庭からの連絡もなく、Aくんの携帯電話も電源が切れているようでした。給食の時間の少し前にようやくAくんがバツの悪そうな表情をしながら学校にやってきました。よくよく話を聞いてみると、進学してみたいと思っていた私立高校の入学説明会に参加してきたと

いうのです。職業科への進学に対し納得をしているものだと思っていた私は非常に驚いた反面、Aくんにこのような行動力があると知り嬉しくも感じました。

　確かに学校や家族に事前に連絡もせず勝手な行動をしたこと自体は褒められるべきものではありません。しかし、Aくんが自分自身に向き合い最後の最後まで悩んだ結果の行為であったと考えれば、そこに成長を感じざるを得ませんでした。Aくんの中に「進路」の授業で蒔いた種がどれくらい育っていたのかは図りかねます。しかし、他の授業や普段の生活の中においても折に触れて、内面的な資質の成長を促そうと働きかけてきたことが、Aくんが自分はどう生きたいかということを深く考えるきっかけとなったのではないかと思えた出来事でした。このような自分はどう生きたいかについて考えることは、まさに本書のタイトルにもある「新時代を生きる力」なのではないでしょうか。

　道徳性を育む唯一の方法がないことは、本書に掲載された独自性豊かな優れた実践事例の数々をみれば一目瞭然です。目の前にいる子供たちが前向きな気持を持ち、自分の人生をより良く生きたいと思えるような実践を強く望むとともに、ぜひ先生方にも道徳教育に前向きに取り組んでいたければと願っております。

　2021 年 10 月

齋藤　大地

監修・編集 ────────────────────

監 修
　永田 繁雄　　東京学芸大学 特任教授
編 著
　齋藤 大地　　宇都宮大学共同教育学部 助教
　水内 豊和　　富山大学人間発達科学部 准教授

執 筆 ────────────────────

本書の活用を願う　永田 繁雄　　前掲

第1部　解説編
　第1章　齋藤 大地　　前掲
　第2章　細川 かおり　千葉大学教育学部 教授
　第3章　水内 豊和　　前掲
　第4章　松尾 直博　　東京学芸大学教育学部 教授
第2部　実践事例編
　第1章　特別支援学校
　事例1　林田 一好　　熊本県立荒尾支援学校
　　　　　嶋村 武　　　熊本県立荒尾支援学校
　事例2　桑田 明奈　　茨城大学教育学部附属特別支援学校
　事例3　日置 節子　　大阪府立寝屋川支援学校
　　　　　亀村 尚希　　大阪府立寝屋川支援学校
　事例4　川井 優子　　東京学芸大学附属特別支援学校
　　　　　齋藤 大地　　前掲
　事例5　成田 芳子　　栃木県立足利特別支援学校
　事例6　日置 健児朗　熊本大学教育学部附属特別支援学校
　事例7　日置 健児朗　前掲
　事例8　磯山 多可子　千葉県立松戸特別支援学校
　事例9　長谷川 智子　東京学芸大学附属特別支援学校
　事例10　山崎 智仁　　富山大学人間発達科学部附属特別支援学校
　事例11　柳川 公三子　富山大学人間発達科学部附属特別支援学校
　事例12　内田 考洋　　埼玉県立総合教育センター
　事例13　村浦 新之助　埼玉県立川越特別支援学校
　事例14　西島 沙和子　熊本県立ひのくに高等支援学校
　事例15　佐々木 敏幸　東京都立港特別支援学校
　事例16　川井 優子　　前掲
　第2章　特別支援学級
　事例1　宮越 淳　　　千葉県君津市立南子安小学校
　事例2　太田 啓介　　東京都町田市立南つくし野小学校
　事例3　東森 清仁　　横浜市立仏向小学校
　事例4　森田 寛之　　東京都八王子市立第二小学校
　事例5　下田 久美子　文京区立第三中学校
　　　　　西尾 久美子　文京区立第三中学校
　事例6　水内 豊和　　前掲

おわりに　齋藤 大地　　前掲

（所属・役職は令和3年3月現在）

【監修】

永田 繁雄 (ながた・しげお)　東京学芸大学特任教授

小学校教諭、教育委員会指導主事を経て2002年1月より文部科学省初等中等教育局教科調査官（道徳教育担当）。2009年4月より東京学芸大学教授。2020年4月より現職。中央教育審議会道徳教育専門部会委員、中央教育審議会教員養成部会委員等を歴任。現在、日本道徳教育学会会長、ＮＨＫ道徳教育番組委員。
主な編著書に『道徳教育推進教師の役割と実際』(教育出版)、『「道徳科」評価の考え方・進め方』(教育開発研究所)などがある。

【編著】

齋藤 大地 (さいとう・だいち)　宇都宮大学共同教育学部助教

東京学芸大学教育学部初等教育教員養成課程卒業、筑波大学大学院人間総合科学研究科修士課程障害科学専攻修了。修士（心身障害学）。
東京未来大学非常勤講師。学校心理士。
主な著作：「知的障害特別支援学校における特別の教科 道徳の授業開発〜資料の理解、意見の表出等を補助するデジタル教科書を活用して〜」(2018年度パナソニック教育財団研究優秀賞受賞)、「かかわりを育む道徳の時間」『道徳教育』(2014年9月号)、ほか多数。

水内 豊和 (みずうち・とよかず)　富山大学人間発達科学部准教授

岡山大学教育学部養護学校教員養成課程卒業、広島大学大学院教育学研究科博士課程前期幼年期総合科学専攻修了、東北大学大学院博士課程教育情報学教育部教育情報学専攻修了。博士（教育情報学）。
公認心理師、臨床発達心理士。
主な著書：『よくわかる障害児保育』(ミネルヴァ書房)、『よくわかるインクルーシブ保育』(ミネルヴァ書房)、『ソーシャルスキルトレーニングのためのICT活用ガイド』(グレートインターナショナル)、『新時代を生きる力を育む　知的・発達障害のある子のプログラミング教育実践』(ジアース教育新社)、『新時代を生きる力を育む　知的・発達障害のある子のプログラミング教育実践2』(ジアース教育新社)ほか多数。

【著】

松尾 直博 (まつお・なおひろ)　東京学芸大学教育学部教授

筑波大学第二学群人間学類卒業、筑波大学大学院博士課程心理学研究科修了。博士（心理学）。
東京学芸大学教育学部助手、講師、准教授を経て現職。公認心理師、臨床心理士。学校心理士。特別支援教育士スーパーバイザー。
主な編著：『コアカリキュラムで学ぶ教育心理学』(培風館)、監修として『絵でよくわかる　こころのなぜ』(学研プラス)ほか多数。

細川 かおり (ほそかわ・かおり)　千葉大学教育学部教授

筑波大学第二学群人間学類卒業、筑波大学大学院博士課程心身障害学研究科中退。
修士（教育学）。臨床心理士、公認心理師。
主な著書：『新　ダウン症児のことばを育てる』(共著，ぶどう社)、『ダウン症者の豊かな生活』(共著，福村出版)、『障がい児保育の基礎』(共著，わかば社)、『知的障害/発達障害/情緒障害の教育支援ミニマムエッセンス―心理・生理・病理、カリキュラム、指導・支援法』(共著，福村出版)

新時代を生きる力を育む

知的・発達障害のある子の道徳教育実践

2021 年 10 月 11 日　第 1 版第 1 刷発行
2023 年　8 月 26 日　　　第 2 刷発行

監　修　　永田 繁雄
編　著　　齋藤 大地・水内 豊和
　著　　　松尾 直博・細川 かおり
発行人　　加藤 勝博
発行所　　株式会社 ジアース教育新社
　　　　　〒 101-0054　東京都千代田区神田錦町 1-23　宗保第 2 ビル
　　　　　TEL：03-5282-7183　FAX：03-5282-7892
　　　　　URL：https://www.kyoikushinsha.co.jp/

編集協力　　伊藤 美和
表紙デザイン・DTP　　土屋図形 株式会社
印刷・製本　　シナノ印刷 株式会社
Printed in Japan
ISBN 978-4-86371-600-1